compass

コンパス
保育内容 環境

2017年告示 幼稚園教育要領，保育所保育指針
幼保連携型認定こども園教育・保育要領　準拠

編著：髙橋貴志・目良秋子

共著：青木聡子・伊藤能之・粕谷亘正・細田成子・佐藤有香
　　　坂本喜一郎・関川満美・仙田　考・中村陽一・松永愛子
　　　百瀬ユカリ

建帛社
KENPAKUSHA

まえがき

　告示文書である，幼稚園教育要領，保育所保育指針，幼保連携型認定こども園教育・保育要領は 2017（平成 29）年 3 月に改訂（定）され，2018（平成 30）年 4 月からそれぞれの保育の場（幼稚園，保育所，認定こども園をいう）で，新しい基準に基づいた保育が実践されている。今回の改訂（定）では，「育みたい資質・能力」として①「知識及び技能の基礎」，②「思考力，判断力，表現力等の基礎」，③「学びに向かう力，人間性等」の 3 つが示された。また，「幼児期の終わりまでに育ってほしい姿」が 10 項目あげられた。加えて，保育所が「幼児教育の場」として保育所保育指針に明確に位置付けられた。

　これらの内容は，"改訂（定）"を明確に感じ取れる部分であり，保育関係者の主たる関心がこの点に集まっている印象があるのも無理のないことだと思う。しかし，改めて今回の改訂（定）を見直してみると，改訂（定）の有無にかかわらず，「環境」という言葉が変わらぬキーワードとなっていることがわかる。

　それは単に，5 領域の一つである保育内容「環境」が今回の改訂（定）でも存在している，という意味だけではない。保育という営みの中で，保育者が「環境」という視点を日々もつことが，子どもを守り（養護＝Care），子どもの発達を援助する（教育＝Education）という保育の本質を具体化するときに不可欠であるということに改めて気付かされるのである。子どもが安全，安心に生活できる環境とは何か，子どもの主体的な学びを保障するための環境とは何か，という二つの問いは，一体となって保育者（幼稚園教諭，保育士，保育教諭をいう）に常に課せられてくる。この問いと向き合い，思考と実践を重ねていくことが，結果として，保育者が子どもの最善の利益を保障し，子ども自らの育つ力を支えることを可能にすると考えられる。

　本書は基本的に，概論編と事例編に分かれて構成されている。概論編で得た知識を事例編の内容と照らし合わせ，他の教科で学んだ内容も活用しながら，「自分なりの見解」を積み重ねていってほしい。そして，「自分なりの見解」を読者同士で交換し，個々の理解を深めてもらいたい。このような形での理解の深まりこそ，保育の場における，保育の理解，子どもの理解の深化そのものだからである。保育内容「環境」の学習が，保育という営み全体の豊かな理解につながることを望みたい。

2018 年 4 月

編者　髙橋貴志

目良秋子

目　　次

第4章　自然環境と保育　　45

第5章　社会環境と保育　　61

第1章 保育内容「環境」について

保育内容5領域の一つである「環境」の概要について，2017（平成29）年に改訂（定）された幼稚園教育要領，保育所保育指針，幼保連携型認定こども園教育・保育要領の内容に沿って説明する。また，この3告示文書の内容に通底する考え方について触れ，保育内容「環境」を学ぶ意味ついて，情報化が進行する現代社会の特徴と保育の場（幼稚園，保育所，認定こども園をいう）における子どもの発達支援を関連づけて解説した。

1 保育内容「環境」の概要

保育内容「環境」は，1989（平成元）年の幼稚園教育要領改訂の際，保育内容の5つの領域（健康・人間関係・環境・言葉・表現）の一つとして示された。領域は，小学校以降の学校教育における教科とは異なった性格をもつ。教科の名称が子どもの学習内容を決め，教科ごとに学習の時間が設けられる小学校に対し，保育の場では，子どもと保育者（幼稚園教諭，保育士，保育教諭をいう）が園生活の中で相互に関わり合いながら学習内容を組み立てていく。そして，子どもの活動は，領域ごとにバラバラに行われるものではなく，総合的に営まれる。保育者が，この子どもの総合的な活動を通して，子どもに対して様々な働きかけをするときの視点として存在するのが5つの領域である。第1章ではまず，環境という視点はなぜ重要であるのか，幼稚園教育要領，保育所保育指針，幼保連携型認定こども園教育・保育要領に示されている内容を概観しながら考えていく。

（1）3つの告示文書における保育内容「環境」

1）幼稚園教育要領

　幼稚園教育要領（以下，教育要領）の保育内容「環境」に関する記述は，「周囲の様々な環境に好奇心や探究心をもって関わり，それらを生活に取り入れていこうとする力を養う」という記述から始まる。"周囲""好奇心""探究心""生活"という言葉は，保育内容「環境」について学ぶ際の，キーワードとなるものである。

　続いて，「ねらい」と「内容」が以下の通り示されている。

ねらいと内容

【ねらい】

(1) 身近な環境に親しみ，自然と触れ合う中で様々な事象に興味や関心をもつ。

(2) 身近な環境に自分から関わり，発見を楽しんだり，考えたりし，それを生活に取り入れようとする。

(3) 身近な事象を見たり，考えたり，扱ったりする中で，物の性質や数量，文字などに対する感覚を豊かにする。

【内　容】

(1) 自然に触れて生活し，その大きさ，美しさ，不思議さなどに気付く。

(2) 生活の中で，様々な物に触れ，その性質や仕組みに興味や関心をもつ。

(3) 季節により自然や人間の生活に変化のあることに気付く。

(4) 自然などの身近な事象に関心をもち，取り入れて遊ぶ。

(5) 身近な動植物に親しみをもって接し，生命の尊さに気付き，いたわったり，大切にしたりする。

(6) 日常生活の中で，我が国や地域社会における様々な文化や伝統に親しむ。

(7) 身近な物を大切にする。

(8) 身近な物や遊具に興味をもって関わり，自分なりに比べたり，関連付けたりしながら考えたり，試したりして工夫して遊ぶ。

(9) 日常生活の中で数量や図形などに関心をもつ。

(10) 日常生活の中で簡単な標識や文字などに関心をもつ。

(11) 生活に関係の深い情報や施設などに興味や関心をもつ。

(12) 幼稚園内外の行事において国旗に親しむ。

〔幼稚園教育要領　第2章 ねらい及び内容　環境〕

2）保育所保育指針

　保育所保育指針（以下，保育指針）では，保育のねらいと内容に関する記述

が，子どもの発達に応じて書き分けられている〔乳児保育（0歳児），1歳以上3歳未満児の保育，3歳以上児の保育〕。

① 乳児保育

ねらいと内容に関して，5つの領域ごとに示されるのは，1歳以上児からであるが，乳児保育についても，"身近なものと関わり感性が育つ"という観点から保育内容「環境」との関連の深い記述がみられる。それは，「身近な環境に興味や好奇心をもって関わり，感じたことや考えたことを表現する力の基盤を培う」という記述であり，ねらいと内容を以下のように記している。

ねらいと内容

【ねらい】

(1) 身の回りのものに親しみ，様々なものに興味や関心をもつ。

(2) 見る，触れる，探索するなど，身近な環境に自分から関わろうとする。

(3) 身体の諸感覚による認識が豊かになり，表情や手足，体の動き等で表現する。

【内　容】

(1) 身近な生活用具，玩具や絵本などが用意された中で，身の回りのものに対する興味や好奇心をもつ。

(2) 生活や遊びの中で様々なものに触れ，音，形，色，手触りなどに気付き，感覚の働きを豊かにする。

(3) 保育士等と一緒に様々な色彩や形のものや絵本などを見る。

(4) 玩具や身の回りのものを，つまむ，つかむ，たたく，引っ張るなど，手や指を使って遊ぶ。

(5) 保育士等のあやし遊びに機嫌よく応じたり，歌やリズムに合わせて手足や体を動かして楽しんだりする。

〔保育所保育指針　第2章 保育の内容 1 (2) ウ〕

② 1歳以上3歳未満児の保育

「周囲の様々な環境に好奇心や探究心をもって関わり，それらを生活に取り入れていこうとする力を養う」という記述に始まり，ねらいと内容を以下のように記している。

ねらいと内容

【ねらい】

(1) 身近な環境に親しみ，触れ合う中で，様々なものに興味や関心をもつ。

(2) 様々なものに関わる中で，発見を楽しんだり，考えたりしようとする。

(3) 見る，聞く，触るなどの経験を通して，感覚の働きを豊かにする。

【内　容】

(1) 安全で活動しやすい環境での探索活動等を通して，見る，聞く，触れる，嗅ぐ，味わうなどの感覚の働きを豊かにする。

(2) 玩具，絵本，遊具などに興味をもち，それらを使った遊びを楽しむ。

(3) 身の回りの物に触れる中で，形，色，大きさ，量などの物の性質や仕組みに気付く。

(4) 自分の物と人の物の区別や，場所的感覚など，環境を捉える感覚が育つ。

(5) 身近な生き物に気付き，親しみをもつ。

(6) 近隣の生活や季節の行事などに興味や関心をもつ。

〔保育所保育指針　第2章 保育の内容 2 (2) ウ〕

③　3歳以上児の保育

「周囲の様々な環境に好奇心や探究心をもって関わり，それらを生活に取り入れていこうとする力を養う」という記述に始まり，ねらいと内容を以下のように記している。この記述内容は，教育要領，後述する幼保連携型認定こども園教育・保育要領と同じである。

ねらいと内容

【ねらい】

(1) 身近な環境に親しみ，自然と触れ合う中で様々な事象に興味や関心をもつ。

(2) 身近な環境に自分から関わり，発見を楽しんだり，考えたりし，それを生活に取り入れようとする。

(3) 身近な事象を見たり，考えたり，扱ったりする中で，物の性質や数量，文字などに対する感覚を豊かにする。

【内　容】

(1) 自然に触れて生活し，その大きさ，美しさ，不思議さなどに気付く。

(2) 生活の中で，様々な物に触れ，その性質や仕組みに興味や関心をもつ。

(3) 季節により自然や人間の生活に変化のあることに気付く。

(4) 自然などの身近な事象に関心をもち，取り入れて遊ぶ。

(5) 身近な動植物に親しみをもって接し，生命の尊さに気付き，いたわったり，大切にしたりする。

(6) 日常生活の中で，我が国や地域社会における様々な文化や伝統に親しむ。

(7) 身近な物を大切にする。

(8) 身近な物や遊具に興味をもって関わり，自分なりに比べたり，関連付けたりしながら考えたり，試したりして工夫して遊ぶ。

(9) 日常生活の中で数量や図形などに関心をもつ。

(10) 日常生活の中で簡単な標識や文字などに関心をもつ。

(11) 生活に関係の深い情報や施設などに興味や関心をもつ。

(12) 保育所内外の行事において国旗に親しむ。

〔保育所保育指針　第2章 保育の内容 3 (2) ウ〕

3）幼保連携型認定こども園教育・保育要領

　幼保連携型認定こども園教育・保育要領（以下，教育・保育要領）では，保育指針と同様に乳児期（0歳児），1歳以上3歳未満児，3歳以上児の3つの段階にわけて示されている。

①　乳児期の園児の保育

　ねらいと内容に関して，5つの領域ごとに示されるのが，1歳以上児からであること，“身近なものと関わり感性が育つ”という観点から保育内容「環境」との関連の深い記述がみられること，「身近な環境に興味や好奇心をもって関わり，感じたことや考えたことを表現する力の基盤を培う」という記述に始まること，これらすべて保育指針と同様である。また，「ねらい」と「内容」に示される記述も保育指針と整合している。

ねらいと内容

【ねらい】

(1) 身の回りのものに親しみ，様々なものに興味や関心をもつ。

(2) 見る，触れる，探索するなど，身近な環境に自分から関わろうとする。

(3) 身体の諸感覚による認識が豊かになり，表情や手足，体の動き等で表現する。

【内　容】

(1) 身近な生活用具，玩具や絵本などが用意された中で，身の回りのものに対する興味や好奇心をもつ。

(2) 生活や遊びの中で様々なものに触れ，音，形，色，手触りなどに気付き，感覚の働きを豊かにする。

(3) 保育教諭等と一緒に様々な色彩や形のものや絵本などを見る。

(4) 玩具や身の回りのものを，つまむ，つかむ，たたく，引っ張るなど，手や指を使って遊ぶ。

(5) 保育教諭等のあやし遊びに機嫌よく応じたり，歌やリズムに合わせて手足や体を動かして楽しんだりする。

〔幼保連携型認定こども園教育・保育要領　第2章 ねらい及び内容並びに配慮事項 第1〕

②　満1歳以上満3歳未満の園児の保育

「周囲の様々な環境に好奇心や探究心をもって関わり，それらを生活に取り

入れていこうとする力を養う」という記述に始まること，「ねらい」と「内容」の記述は保育指針と同様である。

ねらいと内容

【ねらい】

(1) 身近な環境に親しみ，触れ合う中で，様々なものに興味や関心をもつ。

(2) 様々なものに関わる中で，発見を楽しんだり，考えたりしようとする。

(3) 見る，聞く，触るなどの経験を通して，感覚の働きを豊かにする。

【内　容】

(1) 安全で活動しやすい環境での探索活動等を通して，見る，聞く，触れる，嗅ぐ，味わうなどの感覚の働きを豊かにする。

(2) 玩具，絵本，遊具などに興味をもち，それらを使った遊びを楽しむ。

(3) 身の回りの物に触れる中で，形，色，大きさ，量などの物の性質や仕組みに気付く。

(4) 自分の物と人の物の区別や，場所的感覚など，環境を捉える感覚が育つ。

(5) 身近な生き物に気付き，親しみをもつ。

(6) 近隣の生活や季節の行事などに興味や関心をもつ。

〔幼保連携型認定こども園教育・保育要領　第2章 ねらい及び内容並びに配慮事項 第2〕

③　満3歳以上の園児の教育及び保育

「周囲の様々な環境に好奇心や探究心をもって関わり，それらを生活に取り入れていこうとする力を養う」という記述に始まり，「ねらい」と「内容」の記述は教育要領，保育指針と同様である。

ねらいと内容

【ねらい】

(1) 身近な環境に親しみ，自然と触れ合う中で様々な事象に興味や関心をもつ。

(2) 身近な環境に自分から関わり，発見を楽しんだり，考えたりし，それを生活に取り入れようとする。

(3) 身近な事象を見たり，考えたり，扱ったりする中で，物の性質や数量，文字などに対する感覚を豊かにする。

【内　容】

(1) 自然に触れて生活し，その大きさ，美しさ，不思議さなどに気付く。

(2) 生活の中で，様々な物に触れ，その性質や仕組みに興味や関心をもつ。

(3) 季節により自然や人間の生活に変化のあることに気付く。

(4) 自然などの身近な事象に関心をもち，取り入れて遊ぶ。

(5) 身近な動植物に親しみをもって接し，生命の尊さに気付き，いたわったり，大切にしたり

する。

(6) 日常生活の中で，我が国や地域社会における様々な文化や伝統に親しむ。

(7) 身近な物を大切にする。

(8) 身近な物や遊具に興味をもって関わり，自分なりに比べたり，関連付けたりしながら考えたり，試したりして工夫して遊ぶ。

(9) 日常生活の中で数量や図形などに関心をもつ。

(10) 日常生活の中で簡単な標識や文字などに関心をもつ。

(11) 生活に関係の深い情報や施設などに興味や関心をもつ。

(12) 幼保連携型認定こども園内外の行事において国旗に親しむ。

〔幼保連携型認定こども園教育・保育要領　第2章 ねらい及び内容並びに配慮事項 第3〕

（2）3つの告示文書からわかること

ここまでみてきたように，幼稚園，保育所，幼保連携型認定こども園には，それぞれに対応する形で，教育要領，保育指針，教育・保育要領が告示文書として存在し，保育内容「環境」に関して，ねらいや内容がそれぞれ示されている。しかし，3つの文書を概観すると，乳児（0歳児）の保育に関しては保育指針と教育・保育要領が，1歳以上3歳未満に関しては保育指針と教育・保育要領が，3歳以上児に関しては教育要領と保育指針と教育・保育要領が，その記述内容を実質的に同じにしている。つまり，種別の特性がもたらす，保育実践上の相違があることはもちろんだが，保育内容「環境」の基本的な考え方は，保育の場の種別の違いを越えて共通なのである。よって，本書では必要のある場合を除いて，幼稚園，保育所，幼保連携型認定こども園のそれぞれについて，保育内容「環境」を説明するのではなく，3つの保育の場を包括して記述していくこととする。

2 保育内容「環境」を学ぶ意味

前節で概観した，3つの告示文書にみられる表現の中にある，"身近な環境" "身の回り" "日常生活" "近隣" という言葉と，"興味や関心をもつ" "生活に取り入れようとする" という言葉に着目してもらいたい。これらの言葉は保育内容「環境」のキーワードともいえるものである。そして，これらのキーワードは，保育内容「環境」の視点がなぜ重要であるか，その理由を考えるときにヒントを与えてくれる。

日本の幼児教育，保育の基礎を作った倉橋惣三[*1]は，「生活を生活で生活へ」

*1　倉橋惣三
（1882〜1955年）
児童心理学者。東京女子高等師範学校教授から同附属幼稚園主事となる。幼児教育の実践，研究に努め，日本の幼児教育の礎を築いた。

をモットーに，子どものさながらの生活，あるがままの子どもの姿を大切にすることを主張し，実践した。ところで，現在の子どもたちの生活を取り巻く環境は，子どもの成長・発達にとって万全なものといえるだろうか。また，子どもの"身近な環境""身の回り""日常生活""近隣"に，子どもが"興味や関心"をもって"生活に取り入れよう"とする機会が十分に保障されているといえるだろうか。

パソコンやスマートフォン等の情報機器の進化は，子どもの遊びや生活に大きな変化をもたらした。現代は，目の前にいない友だちとゲームをしたり，友だちと直接に関わることなく（ゲーム機を友だちに見立てて）遊ぶことが可能となっている。別の言い方をすれば，生活の中の身近な環境（ものや人や場）と直接的に関わりながら，体験を通して学びを深めていく機会が乏しくなっているのである。

このような状況は子どもに限ったことではない。情報化社会の進行や地域コミュニティの変化は，大人にとっても身近な人や，身近な場所と，日常的に触れ合う機会を減少させた。近所の人と関わらない，関わる必要がない，"コンビニ"さえあれば隣人や近所のことを知らなくても大丈夫，と考える人の存在は，現代ではそれほど珍しいことではなくなっている。

子どもの育ちを支える教育の場として，家庭教育，学校教育，社会での教育の3つがあるが，このうち，家庭教育と社会での教育は原則的に，誰かに教わるというより，子どもが自ら学び取る形で行われる。なぜならそこには，教師や指導計画の類が存在しないからである。にもかかわらず，それらの場所が子どもの発達支援に貢献してきたのは，子どもが周囲に存在する人の姿を見て，まねながら，様々な直接体験を通して学びを深め，学んだことを自分の生活に取り入れてきたからである。このような機会が現在も十分維持されているかと問われれば，前述した子どもや大人の生活の変化を考たとき，不十分といわざるを得ない。

倉橋惣三，ペスタロッチ*2やフレーベル*3等が異口同音に述べたように，子どもの育ちの過程において，直接体験を通した学びや主体的な学びは極めて重要である。だからこそ，これらの機会を保障する場としての保育の場の役割は大きい。現代社会がその特性上失う傾向にあった，身近で日常的な環境と関わりながら子どもが自ら発達していく過程を，再生あるいは新たに作り上げていくことが重要である。さらに，園生活の中で子どもが身に付けた，周囲の環境との関わりを通した学びを，園を離れた日常の生活にまで派生させることに，保育内容「環境」が目指すものがあるといえるだろう。

*2　ペスタロッチ
(Johann Heinrich Pestalozzi, 1746 ～ 1827 年)
スイス出身の教育実践家。「頭」と「心」と「体」の調和的な発達を重視し，その達成において子どもの日常生活が大きな意味をもつと述べ，「生活が陶冶する」と主張した。フレーベルの教育思想に与えた影響も大きい。

*3　フレーベル
(Friedrich Fröbel, 1782 ～ 1852 年)
ドイツ出身の教育学者。1832 年に世界初の幼稚園を創設したことで有名。教育における遊びの重要性を説き，教育遊具「恩物」を開発し，遊びを通して子どもの"神性"を伸長させることを目指した。

●演習課題

課題1：保育内容「環境」のとらえ方に関して，幼稚園，保育所，幼保連携型認定こども園の特性による実践レベルでの違いについて考えてみよう。

課題2：子どもが園生活で身に付けた，身近な環境と関わることを通した学びの機会を家庭生活等の日常生活にまで派生させるために必要なことを考えてみよう。

課題3：身近な環境としてのスマートフォンやパソコン等の情報機器と子どもが関わるときの留意点を考えてみよう。

●参考文献

文部科学省『幼稚園教育要領』2017.

厚生労働省『保育所保育指針』2017.

内閣府・文部科学省・厚生労働省『幼保連携型認定こども園教育・保育要領』2017.

コラム　　周囲の環境と子どもの気付き

　電車やバスに乗っていると，スマートフォンを上手に操る子ども（幼児）を見かけることがあります。保護者が周りのお客さんの迷惑になることを気にしてなのか，多くの場合，音量はゼロで，子どもは音なしの状態で画面の中の動画を見ているケースが多いように思います。

　ある日，電車の中でスマートフォンの動画サイトのアニメを一生懸命見ている３歳くらいの男の子がいました。この子はしばらく，音を出さずに楽しんでいたのですが，登場人物の声を聞きたくなったのか，突然ボリュームのスイッチをいじり，音量を上げてしまいました。周りに座っていた乗客は一瞬，男の子に視線を向けます。その視線に気付いた男の子は，一瞬ギクッとします。隣に座っていたお母さんも，慌てて「○○ちゃん，音を出しちゃダメ！」と言います。すると子どもは，黙ってボリュームを下げます。しばらくそのまま音なしの状態で動画を見ていたのですが，数分するとまたボリュームを上げてしまいました。お母さんは，今度は言葉をかけずに，その子の顔を（少し怖い顔で）じっと見ます。その顔を見た子どもは再びボリュームを下げました。その様子を見ていた，向かい側の座席に座っていた老婦人が，にこっと笑ってその子のことを見ると，それに気付いた男の子は，照れくさそうに，再びスマートフォンの画面を見始めました。

　電車の中で子どもがスマートフォンで遊ぶことの是非については，ここでは問いません。この出来事は，"今の時代の子どもを取り巻く環境"を考えるとき，いくつかの気付きを提供してくれます。1つ目は，スマートフォンに代表される情報化社会という環境に関すること，2つ目は電車の中という公共の環境に関すること，3つ目は保護者という家庭環境に関すること，そして4つ目は老婦人という家庭外の人的環境に関することです。この男の子はおそらく，電車の中という公共の場では音を出していけないことについて，"音量を上げたときに周囲の目がこちらに向かったこと"で，何かを感じたのではないかと思います。でも，まだ十分理解できていないので，また音量を上げてしまう。そして母親の"少し怖い顔"を見て，「これは本当に音を出してはダメなんだ」と気付き，さらに老婦人が"にこっと笑ったこと"で，音量を下げるという行為はどうやら本当に正しい行為のようだ，とその気付きが確かなものになったと考えられます。

　この出来事の中でお母さんは，「音を出してはダメ！」と言葉を使って指示を出しています。もちろん，このような直接的な指示にも意味はあります。特に"即効性"という点では，直接指示を出してしまったほうが効果的です。でも，それ以外に，周囲の環境が子どもに気付きをもたらす，ということが私たちの日常生活の中にはあるのです。しかもこの気付きのポイントは，"子ども自らが気付く"というところにあります。そして，このポイントは，保育実践の中で保育者がもっとも大事にしているポイントと，とても似ているということに気付きませんか？

第2章 園内の環境と保育

　園内において，子どもたちはくつろぎ，遊びと生活の中で多くのことを学んでいる。第1節では，園内環境のうち，0～1歳児の乳児室，ほふく室，2～5歳児の保育室，遊戯室，図書スペースを中心に環境を構成する際の基本的な考え方について学ぶ。第2節では，環境デザインの視点から実際の保育の事例を取り上げ，これからの保育における環境の在り方について考えていく。

1 園内の環境とは

　幼稚園は『幼稚園設置基準』，保育所は『児童福祉施設の設備及び運営に関する基準*1』によって園内環境に関する基準が定められている。保育の場（幼稚園，保育所，認定こども園をいう）では，これらを遵守した上で，地域性や実情に合わせて園環境をデザインしている。保育の環境は，「子ども自らが環境に関わり，自発的に活動し，様々な経験を積んでいくことができるよう配慮[1]」されたものでなければならない。ここでは，「温かな親しみとくつろぎの場となるとともに，生き生きと活動できる場となるように配慮すること[2]」が求められる保育室を中心に，遊戯室，図書スペースについても取り上げながら，園内の環境についての基本的な考え方について解説していく。

（1）0～1歳児の園舎環境

　多くの時間を過ごす園舎の中でも，乳児室，ほふく室*2は，生活や遊びの中心となる場である。保育所保育指針の保育の目標には，「（ア）十分に養護の行き届いた環境の下に，くつろいだ雰囲気の中で子どもの様々な欲求を満たし，生命の保持及び情緒の安定を図ること[3]」と記されている。快適な環境に心地よさを感じられるよう，室温は，夏期26～28℃，冬期20～23℃を目安

＊1　児童福祉施設最低基準〔1948（昭和23）年〕だったものが，2011（平成23）年に改称された。

1) 厚生労働省『保育所保育指針』〔第1章1（4）ア〕，2017.

2) 厚生労働省『保育所保育指針』〔第1章1（4）ウ〕，2017.

＊2　『児童福祉施設の設置及び運営に関する基準』には，乳児室の面積は，乳児または満2歳に満たない幼児一人につき，1.65 m²以上，ほふく室の面積は，乳児または満2歳に満たない幼児一人につき，3.3 m²以上と定められている。

3) 厚生労働省『保育所保育指針』（第1章1（2）ア（ア）），2017.

4）厚生労働省『2018年改訂版保育所における感染症対策ガイドライン』2018.

5）志村洋子「保育活動と保育室内の音環境：音声コミュニケーションを育む空間をめざして」日本音響学会誌，**72**（3），2016，pp.144-151.

6）厚生労働省『授乳・離乳の支援ガイド』2007.

7）日本赤ちゃん学協会編『赤ちゃん学で理解する乳児の発達と保育第1巻：睡眠・食事・生活の基本』中央法規出版，2016，pp.34-35.

とし，湿度（約60％）の保持と適度な換気[4]を心掛ける。乳幼児は体温調節機能が未熟で，気温の影響を受けやすい。立って動いている大人にとっては心地よくても，子どもたちがいる床近くは冷えていることもあるので，注意が必要である。子どもの発達に見合った音声コミュニケーションを育む音環境も重要である。保育環境をより居心地のよいものにするためにも，騒音や残響時間の長さへの対策を施すこと[5]が望まれる。保育室には，建築基準法によって採光基準が設けられているが，近年，待機児童問題を背景にこれを緩和しようとする動きがみられる。しかし，保育室に大きな窓があれば，採光や換気ができるだけでなく，風景を楽しんだり，季節や天気，時間の変化を感じたりすることもできる。生活を営む場である以上，ゆとりと潤いを感じられる設計を心掛けたい。

　0〜1歳の時期は月齢による発達の差も大きく，生活のリズムもそれぞれ異なるため，活動に応じて適宜空間を仕切ることができるようにし，子どもたち一人一人のペースが保障されるようにしたい。哺乳や食事は，子どもによって頻度もタイミングも異なるが，くつろいだ雰囲気の中で行えるようにする。授乳期・離乳期に安心と安らぎの中で飲んだり食べたりする心地よさを味わうことは，食べる意欲の基礎になる[6]。また，生活のリズムを安定させるためにも，遮光カーテン等で明るさを調節し，静かに過ごすことのできる午睡のための空間を確保[7]し，月齢によっても異なる時間帯と時間数に対応できるようにする。

　生活習慣は，日々の繰り返しの中で身に付いていく。例えば，オムツ交換のための専用のスペースを設けて毎回利用することで，子どもは，今からオムツを交換するのだということを理解して自ら両脚を上げたり，自分のロッカーから新しいオムツを持って来たりする等してオムツ交換に主体的に関わるようになる。このような経験は，尿意や便意を感じた時に自ら便所へと向かい用を足す，排泄の自立へとつながっていく。

　乳児クラスには，寝転がってプレイジムで遊ぶ子どももいれば，大好きなおもちゃに向かってはいはいで突進する子ども，歩けるようになったばかりで足元がおぼつかない子どももいる。それぞれが興味をもった遊びに，落ち着いて取り組むためには，ベビーサークル（格子状の囲い）等を活用して他の遊びの気配を感じられるようにしつつ，動的な遊びの場と静的な遊びの場とを分けるとよい。安全のためにも，落ち着いて絵本を眺めている子どものそばで，別の子どもが走り回ったり，ボールを投げたりすることのないように注意したい。

　特定の動きを練習させるのではなく，それぞれの発達過程に合わせ，自ら体を動かそうとする意欲を引き出すような工夫をすることも重要である。例え

ば，子どもの隣に好きなおもちゃを置いてやれば，手に取ろうと体をひねり，寝返りをするかもしれない。この時，保育者（幼稚園教諭，保育士，保育教諭をいう）*3が「とれたね」と声をかける等して，おもちゃに手が届いてうれしい気持ちを受け止めると，ほしいものを保育者にとってもらっていた子どもも，また自分でとってみようと思うようになるだろう。子どもが保育の場で安心して過ごすには，うれしい気持ちや不安な気持ち等を受け止めてくれる，人的環境としての保育者の存在が果たす役割が大きい。はいはいをし始めた子どもには，保育者が少し離れたところから遊びに誘い，くぐったり，追いかけたりすることを楽しめるようにすることも有効である。お座りの姿勢を保つには，太鼓のように音が鳴るものや型はめパズル等，手で操作をするのが楽しいおもちゃがあるとよい。体重をかけて寄りかかっても動かない棚等があれば，立って手を伸ばせば届く高さにぬいぐるみ等を置いておくと，つかまり立ちをしてとろうとするだろうし，柔らかいおもちゃであれば，落下してもけがにつながらずに済む。壁に音が鳴る仕掛けや鏡等があると，繰り返し触ろうとして，片手を離して脚で踏ん張ろうとする動きが引き出され，伝い歩きにつながるだろう。動こうとしたとき，それがうまくいけば，またしてみようという次の意欲につながる。その子の力が最大限発揮されるよう，動きが妨げられる厚手の服や他の子どもに引っ張られて転倒する危険があるフードつきの服等は避ける。また，踏ん張りがきき，転んでもけがにつながりにくい床材を選んだりする等，動きやすい条件を整えてやることも必要である。子どもは探索意欲を満たして自由に遊べる安全な環境と信頼できる大人に見守られているという安心感が揃ってはじめて，思う存分見たり，聞いたり，触れたり，嗅いだり，味わったりすることができるのである。

*3　人的環境も重要である。

（2）2〜5歳児の園舎環境

機能的で居心地のよい園舎は，子どもが安心して過ごすことのできる保育の場となる。製作物や季節の草花，行事に関するものが壁や棚に飾られた空間は生活に潤いをもたらし，小動物や植物の存在は心を和ませる。家庭的な温かい雰囲気の中でくつろげるよう，柔らかな手触りや温かみの感じられる木質材料を適宜用いたり，畳やカーペットを敷いたり，ソファやベンチを置いたりすることも有効であるし，色彩の視覚面や心理面での効果も十分に検討したい[8]。もちろん，物的環境だけでなく，子どもを温かく見守り，適切な援助をする人的環境としての保育者の存在や，友だちが周囲の環境に関わる姿も重要な意味をもつ。

幼児期は，基本的な生活習慣を形成する上で重要な時期である。自分のこと

8）文部科学省『幼稚園施設整備指針』2018.

を自分でしようとするようになるためには，必要感をもつとともに，すべきことに向かうことができる環境であることが欠かせない。例えば，一人で用を足すことを求めるのであれば，子どもが扱いやすい大きさ・高さの便器を設置し，座った時に手を伸ばしやすい位置にペーパーホルダーがなくてはならない。友だちの様子が見えることで安心したり，刺激を受けて自分も挑戦してみようと思ったりすることもあるだろう。明るく清潔であることも重要である。必要な道具等の使い方がわかり，かつ心理的にも扱いやすい状況があってはじめて，ある行為を実行に移すことが可能となるのである。

*4　保育所の場合，保育室または遊戯室の面積は，満2歳以上の幼児一人につき1.98 m²以上とすることが定められており，園舎面積についての基準はない。
厚生労働省『児童福祉施設の設備及び運営に関する基準』2011.
幼稚園の園舎については，1学級180 m²以上，2学級320 m²以上，3学級以上は1学級につき100 m²以上を足すと定められており，1学級の幼児数は，35人以下を原則とする。
文部科学省『幼稚園設置基準』2014.

9）文部科学省『幼稚園施設整備指針』2018.

10）文部科学省『幼稚園施設整備指針』2018.

　保育室*4は，子どもの活動の拠点であり，園具，遊具等を弾力的に配置できる面積，形状になっている。また，遊戯室，ホール，ラウンジ等のその他の保育空間との連携を検討するとともに，テラス，バルコニー等の半屋外空間や中庭，芝生等の屋外空間に直接出入りできるようにすることが望ましい[9]。保育室は，一日の中でも様々な使われ方をし，空間を広くとることもあれば，活動の内容や方法等に応じてコーナーを設けたり，机やいすを並べたり，布団を敷いたりすることもある。必要な物を自分たちで準備し，使いこなすには，子どもの体にあった高さや幅や形状，一人あるいは仲間と数人で持ち運ぶことができる重さ，スムーズに利用できる空間等の条件が整っていなくてはならない。限られた空間を活かすため，机やいす，収納家具，ワゴン類，ついたて類等の家具は，多様な教育内容・保育形態に対応できるよう，数量，材質，形状等を各室と一体的に計画するとともに，子どもが扱いやすいサイズにするよう十分留意する[10]。物を配置する際には，子どもが主体的に活動の準備や片付けをすることができるよう日常的な利用のしやすさに配慮するとともに，片付いた状態に心地よさを感じ，維持できるよう，どこに何をしまえばよいのかを絵や文字で示したり，片付いた状態を写真で示しておいたりする等の工夫をしたい。片付けでは，子どもの中でしたいこととすべきこととの対立が生じることもあるが，次の活動への期待感をもち，子ども自身が必要なこととして納得できると気持ちの切り替えがしやすくなる。時計やカレンダー，一日の流れを示した掲示物等は，文字等への関心を高めるとともに，集団生活の中で必要な情報を取り入れ，見通しをもって活動しようとする際の助けとなるだろう。

　子どもは，身近な環境に主体的に関わることで様々なことを学んでいく。遊びや生活の中で，より面白くしようとしたり，いろいろな方法を工夫したりするためには，素材・道具・遊具・家具といったものが容易に使えるようになっており，活動に適した場や繰り返し試すことのできる時間が確保され，試行錯誤できる機会が保障されていなくてはならない。複数の遊びが同時に展開する園内にあって，保育者は，遊びの内容やメンバー，動線への配慮をしながら子

どもの活動に沿って環境を再構成していく。落ち着いて活動できるよう衝立や低い家具等で作られた仕切られた空間を設ける際には、子ども同士が互いの活動の様子を見ることができるよう、高さや配置を工夫したい。

　遊戯室には、行事や集会、子どもの発表に必要な音響や照明、ステージ、暗幕等が備えられている。避難時に大勢で利用することもあるため、普段から用具や遊具を整理整頓し、出入り口や動線を適切に確保しておくことが重要である。広がりのある空間では、降雨・降雪時にも思い切り体を動かすことができ、巧技台やマットでサーキットを作ったり、大型積み木やゲームボックスを並べて基地にしたりといった、大型遊具等を用いた保育の場ならではのダイナミックな遊びも楽しめる。何日もかけて準備をする動物園ごっこやお祭りごっこのような遊びをしたい時には、スペースを確保し、大きなものを製作したり保管したりすることもあるだろう。いずれの場合も子どもの動線に配慮して保育室等での活動と連続するよう計画する必要がある。他の学級と調整しながら、有効に使いたい。

　図書スペースとしての専用室、コーナー・アルコープ*5等を活用した読書のための小空間は、子どもが本を読みながらくつろぎ、楽しむことのできるようにし、図書、視聴覚機器、資料等を利用しやすい位置に配置する。物語の世界をじっくり味わうのはもちろんのこと、友だちと一緒に同じ絵本を読んだり、本を見ながら紙飛行機を折ったり、園庭で見つけたカエルの種類を調べたりといった多様な場面で図書に親しむことができるよう工夫したい。図書スペースは、専用の部屋や保育室の奥まったところに設ければ、落ち着いて読書をすることができ、保育室の出入り口近くやアルコープにあれば、本を介した友だちとの交流が生じやすくなる。安定して本を読むことができるテーブルと、姿勢や位置関係を柔軟に変えられるくつろげるスペースの双方があると他児との相互作用が生まれやすくなり、様々な絵本の共有の仕方に柔軟に対応できる[11]。たくさんの本があることは魅力的である一方で、どれを読もうかと迷ってしまうこともあるが、表紙が見えるように絵本を置くことで手に取りやすくなり、コーナーの利用を促す効果が期待できる[11]。

＊5　廊下やホール等に面した小スペースで休憩、談話、読書等ができ、人とのコミュニケーションや多様な活動が展開できる場。
　文部科学省『幼稚園施設整備指針』2018.

11）山田恵美「幼児の活動の展開を支える保育環境：絵本コーナー内の場と読み方」保育学研究，50(3)，2012，pp.29-41.

2　園内の環境の実際

　日々の保育の中で、保育者が大切にしなければならない役割の一つに、一人一人の子どもが「自分らしく」「子どもらしく」「人間らしく」生きる姿を、タイムリーかつ適切に支えていく存在になることがあげられる。そのためには、保育者一人一人が、1日の長い時間を過ごす保育の場における室内環境が、子

どもにとって真に心地よい空間になると同時に，子ども自らの生きるリズムを大切にしながら生活できる時間が保障される保育環境をデザインしていく必要がある。その際に保育者が注目したい子どもの姿として，以下の3つがあげられる。

① 子どもが生き生きと生活習慣を獲得していく姿。

② 子どもがダイナミックかつじっくりと遊ぶ姿。

③ 子どもが疲れやストレスを解放し，くつろぐ姿。

そこで，ここではこの3つの子どもの姿を手がかりに，子どもの発達を大きく「自己がかたち作られていく自己の獲得の時期（0～1歳児）」と「自己の広がりや深まりがみられる自己の育ちの時期（2～5歳児）」ととらえていく中で，保育の場に欠かせない保育環境デザインの具体的事例について紹介していく。

（1）0～1歳児の園内環境デザインの実際

この時期の子どもは，自らの育ちを支えてくれる人との丁寧な関わりを通して，様々な運動機能を発達させ，周囲の人や物に興味を示し探索活動を活発に行うようになっていく。そして，生活や遊びの中で，自分のことを自分でしようする意欲が高まっていく「やりたがり」の時期といえる。

このような育ちの特徴を踏まえた時，この時期の保育環境をデザインする上で重要になることは，子どもが「いつでもやりたい時にそこにあり，いつでもさわれ・使うことができる」という点にある。まさにこの時期の子どものやりたい時は「今」であり「今」しかない。保育者が自らの都合を一方的に押し付けていくような保育は必要ないのである。そこでここでは，自立への欲求が高まっていく中，子どもが「やりたがり屋の自分」へと逞しく発達していこうとする姿を支える上で重要な保育環境デザインの事例について紹介したい。

1）基本的な生活習慣獲得のための保育環境デザイン

この時期は，一人一人の子どもへの大人の関わりの質がとても問われる時であり，保育の場においては担当制*6を中心に特定の保育者が子どもの示す様々な行動や欲求に丁寧に応えていくことによって，子どもは保育者への愛着を抱きながら基本的な生活習慣も獲得していく。特に，睡眠・食事・排泄・着替え等の獲得は，一人一人の欲求やリズムが異なることから個々に適切に応答できる特定の保育者との丁寧な関わりが重要であり，しっかりと目を合わせ，話しかけながら保育をすることができる落ち着いた雰囲気の空間が必要となってくる。また，大人にとってちょうどよいと感じる広さは，実は子どもにとってはとても広い落ち着かない空間である場合がある。発達に適した居心地のよい空

＊6　担当制

0～2歳の子どもを中心に，特定の保育者が特定の子どもの生活習慣の獲得や養護の援助を行っていく中で，安心・安定した園生活を保障していく営み。他には，「時間で担当する」，「活動を担当する」，「場を担当する」等の考え方もある。

16

間（広さ・高さ・明るさ等）をデザインすることが重要といえる。

①　睡　眠

室内空間は，奥になればなるほど落ち着いた空間となっていく。また，天井の高さや照明を調整することで，ますます子どもにとって心地よい空間へと変化する。睡眠の長さや間隔は，個々の発達過程によって大きく異なることから，個々のリズムでいつでも快適かつ安心して睡眠できる環境を用意したい。

写真2−1　いつでも休める喜び

②　食　事

食事の際に大切なことは，子どもが自ら楽しんで食事ができる雰囲気や環境が保育者によって作られていることである。大好きな保育者の温かくゆったりした雰囲気に包まれながら，子ども自身の食欲や食べるリズムを大事にし，発達過程にあわせた人数（1人から4人ぐらい）と子どものサイズにあった食器や備品（テーブルやいす等）を使って食事をすることが大切である。

写真2−2　食べる喜びを実感

③　排　泄

おむつ替えは，子どもの不快を快に変える大切な生きる営みである。しかし，子どもによっては排泄の自立に伴い，排便時の緊張や違和感等から排便への怖さが増長していくこともまれではない。信頼する保育者との丁寧な関わりの積み重ねが排泄の心地よさの実感に大きな影響を与えることからも，子どもにとって排泄がより身近なものとなり，安心した雰囲気の中で行える環境デザインが大切となってくる。

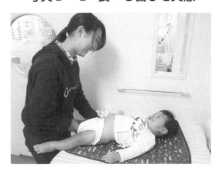
写真2−3　信頼できる保育者と

④　着替え

この時期の子どもの憧れの一つが自分で着替えに挑戦することである。保育者の手を借りながらも「自分でやりたい」という強い気持ちをもっている。子ども自ら自分の顔写真のついたかごを引き出し，絨 毯等の敷かれた心地よい空間で，自分の力で時間をかけ，じっくり集中して取り組む姿を丁寧に保障できる環境をデザインしたい。

写真2−4　自分でできる喜び

2）遊びのための保育環境デザイン

この時期の子どもは，著しい発達の中で，五感と全身の動きが活発になり，

仰向け・うつぶせ・座る・はう・立つ・歩く等といった発達に伴い，腕や手先も意図的に動かせるようになっていくことで，探索活動も活発になっていく。そこで大切になってくることは，保育者が周囲の人や物に興味を示し探索意欲を高めていく子どもの姿を保障することである，そして保育者が，子ども自ら「行ってみたい」「さわってみたい」「試してみたい」等といった欲求をタイムリーに実現できる環境をデザインしていくことにある。

写真2－5　人や物と出会う喜び

①　自由な探索活動

はうことができるようになった子どもは，ますます周囲への関心が広がり，自ら興味のある玩具やそれで遊ぶ友だちのそばへ近づこうと移動するようになる。この一人一人の子どもの発達に即して湧き出てくる「行ってみたい」「さわってみたい」「試してみたい」という思いを達成できるよう支えていくことこそ保育者の役割といえる。そのため大切になってくるのが，保育者による子どもが室内を安全に移動し，探索活動を自由に楽しむことのできる動線の確保と豊かな遊び環境の創造である。

②　自ら体を動かそうとする意欲を引き出す環境

子どもは運動機能の発達に合わせて，遊びの中でもはう・登る・転がる・くぐる・つかまり立つ・歩く等，様々な動作をくり返し，楽しみながら獲得していく。この時期は，2歳以上児に比べると比較的外に出る時間が限られやすいことからも，室内に身近な運動環境があることは大切といえる。1歳児クラスの子どもたちともなると巧みな動きも楽しめるようになり，保育者と一緒に運動遊び環境を自由に変化させながらダイナミックに遊ぶ姿が見られるようになる。

写真2－6　動ける楽しさを実感

写真2－7　様々な動きに挑戦

③　好きな遊びを自由に楽しめる環境

この時期の子どもたちの遊びは，まず身の回りの興味・関心のある物に手と口を使って直接働きかけることから始まる。そして，徐々に手の操作が発達し

写真2－8　自由に絵本にふれる

写真2－9　ダイナミックに創る

写真2－10　素材や道具と出会う

写真2－11　お世話する喜び

てくると目的をもって操作するようにもなる。何より大切なことは，いつでも手の届くところに玩具や素材・道具等の環境が用意されていることである。また，積み木を家に見立てる等の象徴的遊びが見られるようになると，日頃目にするお母さんの真似をして料理を作ったり，人形を使ってお世話をしたりする等，言葉のやりとりも楽しみながら保育者と一緒に簡単なごっこ遊びも楽しむようになることから，想像力を豊かに広げながら遊べる環境をデザインしていくことが大切となってくる。

3）くつろぎの環境デザイン

　保育者が子どもの「生き生きと活動する姿」を支える上で忘れてはならない重要な役割に，「子どものくつろぐ姿」を適切に把握し，確実に保障していくことがある。なぜなら，くつろぎとは，「周囲からの外圧（保育者や一斉活動等）から生じた疲労や緊張等から自らを切り離し，状態を切り替える（楽にする・ほっとする・ゆったりする）ことで，自らの心身を安定させ，心と体にゆとりと活力を生み出していく」上で大切な営みだからである。そのためにも，保育者は園生活の中で一人一人の子どもが自らのリズムで「くつろごうとする姿」を確実に保障できるような保育環境をデザインできる力が求められる。

　子どもはその時々の気持ちや心身の状態に合わせ最適な「くつろぎ」を獲得

しようとする。具体的な子どものくつろぐ姿を紹介すると，以下のような様々なくつろぎが見られる。

① 何かに身を委ねる（寄りかかる・もたれかかる・寝転がる等）。

② 自分一人になる。

③ 見えないように身を隠す。

④ 大人（保育者）等から一定の距離をとる（子どもだけで過ごす）。

そして自ら「心の安定」を図り，ゆとりや活力が十分に充電されると，また保育者や友だちのところへ戻ってくる。この一人一人の子どもが「生き生きと活動する姿」と「くつろぐ姿」を繰り返すリズムこそが真に「生活リズム（＝生きるリズム）」なのではないかと考える。

① 何かに身を委ねられる環境

子どもは生き生きと遊ぶ中でちょっと心身が疲れた時，身の回りにある物的環境をうまく取り入れながら休む姿がよく見られる。例えば，やわらかく触り心地のよいクッションが1つあるだけでも，子どもは上手に体を委ねながらくつろぎの環境を作り出していく。また，偶然遊んでいた遊具に子どもが寝転がった際にマットの持つ心地よさと出会ったことで，遊び場が自然にくつろぎの場へと変化してしまうこともある。言い換えれば，くつろぎは，タイムリーかつ柔軟に生まれ出てくることが大切といえる。

写真2－12　気持ちいい肌触り

写真2－13　心地よいやわらかさ

写真2－14　全身を委ねる心地よさ

② 自分一人になれる環境

子どもは心身にストレスを感じた時等，保育者や友だちから離れて1人でくつろごうとする。保育室の片隅に用意されたローソファが目に入った子どもが自ら移動し，全身を委ねることにより快適なくつろぎを獲得していく。0・1歳児でも保育者や友だちと心の距離を適切にとれることは，生きるリズムを整える上で大切な時間といえる。

③　隠れられる環境

　保育者が乳児室にある壁付け棚の一部をうまく改良し，ちょっとした隠れ家スペースを用意した。引き出しを取り外し，敷布団を置き，手製のカーテンをつけた手作りの空間である。すると2人の子どもが潜り込み，うれしそうに笑顔で見つめ合っている。時に保育者や友だちに干渉されることなく過ごせる空間は，0・1歳児にとっても居心地がよく安全な場となるようである。

写真2－15　干渉されない幸せ

（2）2〜5歳児の園内環境デザインの実際

　この時期の子どもは，自らの「生きる喜び」を保育者によって認められ，大切に支えられる中で育んできた自己肯定感と自己実現力を土台にし，ますます逞しい自分へと発達していこうとする。全身のバランスを取る能力が発達し，身近な環境と積極的に関わる中で，様々な物の特性を知り，遊びを広げ深めていこうとする。そして徐々に共通の目的を共有し，自分たちの力で遊びや活動をとことん楽しむ経験（＝協同的な学び）を通して，主体的で対話的な学びを深めていこうとする時期でもある。このような育ちの特徴を踏まえた時，この時期の保育環境のデザインで重要なことは，「子どもが自らやりたいことに出会い，納得いくまでとことん楽しめる姿」と，「生活の見通しをもって，生き生きとした自分（＝頑張る自分）とくつろぐ自分（＝頑張らない自分）を大切にする姿」を保育者が丁寧に保障していくことにある。そこでここでは，発達過程に合わせた協同的な学びを通して「より主体的に生きようとする自分」へと発達していこうとする姿を支える上で大切な保育環境デザインについて紹介していく。

1）快適な生活を送るための環境デザイン

　子どもたちは，園での1日の流れがわかるようになってくると，次に自分が行うべき行動も予測できるようになり，見通しをもって園生活を過ごしていくようになる。言い換えれば，動的な活動と静的な活動をうまく織り交ぜ，自分らしい生きるリズムを作りながら園生活を自ら楽しんでいくようになる。

①　1日のリズムを作るロッカールーム

　子どもにとってその日の生活リズムを作る最初のきっかけとなる場所がロッカールームである。登園した子どもた

写真2－16　リセットできる空間

ちは，自分のロッカーの前で様々な姿を見せる。特に面白いのが朝から保護者のリズムで生活させられた子どもが見せる「ぼーっとする姿」である。何もしていないわけではなく，朝から急がされたストレスを解放しつつ自分のリズムを生み出そうとする大切な時間なのである。そうした自ら自分の生活リズムを生み出そうとする姿をまず保育者が温かく見守り，保障できる環境を用意することが大切である。

写真2－17　団欒が生まれる空間

②　生きる喜びを共有できるランチルーム

　子どもは食事の時間が大好きである。特に昼食の時間は，午前中に楽しんだ遊びや出来事を互いに共有し，喜び合うことのできる大切な場といえる。そのためにも，一緒に喜びを共有したい仲間や保育者と食事を楽しみながら自由に過ごせる空間が必要であり，ゆったりと過ごせる雰囲気も大切となってくる。

2）とことん遊び込める環境デザイン

　この時期の子どもは，周囲の保育者や年上の友だち等の行動に加え，新たに出会う様々な経験や環境（自然や社会事象等）に多くの刺激を受けながら，遊びや活動をより豊かなものへと発展させていく。中でも，興味・関心のある遊びや活動と出会い，それらをとことん楽しむ経験を積んだ子どもは，試行錯誤を繰り返す中で，豊かな感性や高い運動能力，想像力・思考力・協調の態度等を育みながら，逞しい一個の主体へと発達していく。そこで何より大切になってくるのが思考力の芽生えを育むための重要な環境として「好きな遊びを継続的発展的にとことん楽しめる環境」が多様に準備されていることである。

写真2－18　じっくりと遊べる空間

　そして，子どもが好きな遊びと出会い，熱中して楽しむ姿を保障できるために大切になってくる保育環境デザインのポイントを整理してみると，以下になる。

① 玩具や素材・道具等を自由に選び，使うことができる。

② 遊びを楽しむお互いの姿が自然に目に入る。

③ 自分の楽しんでいることを伝え合う。

写真2－19　なりきって遊べる空間

④　継続中の遊びをとっておいたり，続き
　　ができたりする。

⑤　自分たちの姿をいつでも振り返られる。

⑥　必要な情報がタイムリーに獲得できた
　　り，共有できたりする。

写真2－20　無から有を生む空間

写真2－21　自由に選べる空間

写真2－22　保管できる空間

写真2－23　見せ合える空間

写真2－24　振り返りができる空間

3）くつろぎの環境デザイン

　保育者は，日々の園生活の中で無意識のうちに「子どもはいつも明るく元気
で，生き生きと飛び回っているのが当たり前」と思い込んでいないだろうか。
特に幼児クラスの子どもたちに対し，一方的な期待と価値観を押し付けてしま
った結果，無意識のうちに子どものくつろぎを剥奪している可能性はないだろ
うか。何より気をつけたいのが「ちゃんと」，「きちんと」といった保育者の理
想を押し付けようとする関わりである。子どもは，自らがよりよく生きるため
に，「生き生きとした自分」と「くつろぐ自分」を巧みに切り替えながら逞し
く生きている。こうした子どもの「自分らしく」生きようとする姿を保育者が
確実に保障できるためにもくつろぎの環境デザインがとても重要になってくる。

写真2－25　遊びの余韻に浸る姿

①　ほっと一息つける快適な環境

　子どもは興味・関心のあることや大好きなことを見つけると全力で楽しむ。大人と違って手を抜いたりしない子どもだからこそタイムリーにくつろぐ姿が大切になってくる。元気に午前中の外遊びから帰ってきた子どもたちの中には，玄関で板の間に腰掛けたり，寝転がったりしながらくつろぐ姿が見られる。また，ロビーのソファに座りながら，友だちと一緒に喜びを共有し語り合いながら，心身の疲れを癒したり，楽しかった余韻を味わったりする姿も見られる。どちらも素敵な一時といえないだろうか。室内では，カーペットをうまく利用し，自分の居心地のよい楽な姿勢でゆったり過ごす姿や，窓越しに外の見えるカウンターでは，心身ともに解放された雰囲気の中，絵本を楽しむ姿も見られるのである。ちょっとした時間かもしれないが，子どもたちが身近な環境を自らの生きるリズムでタイムリーに活用できることで，ゆとりや活力を取り戻し，また生き生きと活動する姿を生み出していく姿を保育者は大切にしなければならい。

写真2－26　ほっと疲れを癒す姿

写真2－27　開放感を楽しむ姿

②　疲労やストレスから自らを解放できる環境

　子どもたちは1日の生活の様々な場面でくつろぐ姿を見せる。中でも「室内外で思い切りエネルギーを使って遊んだ後」，「昼食が終わりひと段落した時」「一斉活動等，保育者や友だちと長時間活動した後」等，心身に溜まった疲労やストレスから自らを解放させようと上手にくつろごうとする。例えば，昼食後の人気の少ない静かな玄関ロビーでは，ソファに寝転がりながら疲れた心身を休ませようとする子どももいる。また，1日の中で何回か行われる一斉活動（朝の会・主活動・帰りの会等）の後では，子どもだけで安心して使えるロフト（子ども専用の隠れ家）を活用しながら，保育者から一定の距離（心の距離）を取ったり，気の合う仲間と一緒に静かに過ごすことで心身に溜まったストレスを解消しようとする姿がよく見られる。

写真2－28　自分のタイミングで　　写真2－29　子どもたちだけの空間

● **演習課題**

課題1：子どもが安心して生活をする上で，子どもの身体にあった備品を使うことはとても大切である。日常の生活の中で，無意識に子どものサイズと合わないものを使わせてしまっている場面を調べてみよう。

課題2：乳児が主体的に園生活を送れるような保育室の最適な室内環境デザインを考えてみよう。

課題3：なぜ「広い空間」や「何もない空間」は，子どもにとって落ち着かない環境になりやすいのか考えてみよう。

● **参考文献**

汐見稔幸・久保健太編『保育のグランドデザインを描く　これからの保育の創造にむけて』ミネルヴァ書房，2016.

無藤　隆『幼児教育のデザイン　保育の生態学』東京大学出版会，2013.

コラム　　人間らしく生きるために

　2歳児クラスのロフトの中にある絵本コーナーをそっと覗いてみたら，偶然A児が一人で楽しそうに絵本を読んでいる姿を発見しました。全身をカーペットの上に委ね，うつ伏せに寝転がって楽しそうに絵本をめくっている姿はほんとうに幸せそうに見えます。

　ところでこの姿，どこかで見たことありませんか？そう！　我々大人が自分の部屋のベッドの上で一人寝転がって雑誌を読んでいる姿と同じですよね。全身を脱力して読んでいるからこそ，心身共にリラックスした状態となりほんとうに楽しい時間となるわけです。

　でも，写真のA児のような姿を園で見せた時，保育者の中には無意識に「床に寝転がって絵本を読むなんてだらしがない！」，「絵本を読む時，きちんといすに座って読みなさい！」なんて思わず考えてしまう人もいるのではないでしょうか。それは，どこかで「いつも子どもにちゃんとしていてほしい！」という一方的な価値観（保育者の強い希望）を押しつけているかもしれません。

写真2－30　くつろぎの時間

　私たち大人も園の子どもたちも同じ人間なのです。ですから，一人一人の子どもが「自分らしく」，「人間らしく」生きようと見せる様々な姿は，決して大人と異なるものではないと思います。大人も心身に疲れやストレスを感じた時，必然的にくつろいだり好きなことを楽しんだりするように，子どもにとってもそんな時間はとても大切なのです。ぜひ今後，こんなすてきな子どもたちの姿を見た時には，不必要な干渉はせずに，ぜひ「人間らしくてすてき！」と笑顔で見守ってあげてくださいね。

第3章　園庭の環境と保育

　園庭では，リレーごっこやしっぽとりのような運動的な遊びはもちろん，草花や木の実を集めてきてのままごとや，泥だらけになりながらのダム作り，風を感じながらの凧揚げといった様々な遊びが展開される。第1節では，それらが子どもたちにとって魅力的なものとなるよう，保育者（幼稚園教諭，保育士，保育教諭をいう）が意図的，計画的に環境を構成する際の基本的な考え方について説明する。第2節では，環境デザインの視点から実際の保育実践について紹介する。

1　園庭の環境とは

　園庭には，運動的な遊びができる広々とした空間や数々の遊具，自然に触れることのできる場がある。なかでも，自然物（動植物や，土や石，木の枝等），気象（雨，雪，虹等），天体（太陽や月等）といった自然との関わりができるのは戸外ならではといえる。領域「環境」の内容の中でも，とりわけ「(1) 自然に触れて生活し，その大きさ，美しさ，不思議さなどに気付く」，「(3) 季節により自然や人間の生活に変化のあることに気付く」，「(4) 自然などの身近な事象に関心をもち，取り入れて遊ぶ」，「(5) 身近な動植物に親しみをもって接し，生命の尊さに気付き，いたわったり，大切にしたりする[1]」の4つは，園庭の環境との関わりが深い。

　園庭は，園庭全体の連続性や回遊性に配慮するとともに，園地全体を活用して子どもが活動できるように，園舎部分との連続性に配慮して計画・設計することが重要である[2]。また，園庭と園舎との間にあるテラスには，周囲の場所及び活動を巻き込みつつ相互に関連させるような働きがある。各場所・各活動の諸要素が付かず離れず存在することで，活動の柔軟な展開や，子どもが自分のペースで園生活を送るためのゆとりがもたらされることが期待できる[3]。こ

1) 文部科学省『幼稚園教育要領』（第2章 環境 2），2017.

2) 文部科学省『幼稚園施設整備指針』2018.

3) 境愛一郎「『境』としてのテラスは幼児にとってどのような場所であるのか」保育学研究，50(3)，2012，pp.75-85.

のようなテラスやバルコニー，庇（ひさし）の下といった半屋外空間を遊びに活用したり，靴を履き替える場所を工夫して保育室から園庭にすぐに出られるようにして，園舎内で遊ぶ子どもが園庭での遊びにも興味や関心をもてるようにしたい。以下では，運動スペース，遊具，砂遊び・水遊び場，動植物の飼育，栽培のための施設の基本的な考え方について解説していく。

（1）運動スペース

運動スペース[*1]は，敷地の形状を有効に活用し，変化に富んでいて，遊びながら様々な活動を体験できる空間となるようにすることが重要である[4]。広場のように平らな場所はドッジボールやサッカーごっこのように広い面を必要とする遊びに適しているし，斜面や築山，そこに掘られたトンネルは，駆け上ったり駆け下りたり，中腰で進んだりといった動きを引き出し，鬼ごっこのような遊びを大いに盛り上げるだろう。運動スペースは，表面が平滑で適度な弾力があり，適度な保水性と良好な排水性を備えていることが重要である[5]。表層部分の材料は，その特徴を踏まえた上で，運動や遊びの種類に応じて選びたい。

よく見られるのは，土，あるいは土と砂でできた園庭である。枝等で容易に削ることができるため，子どもが地面に陣地やコートを描いたりする際にも都合がよいし，削り出した土や砂がままごとや泥団子作り等の遊びに使われることもある。ほこりがたつのを防ぐために散水する手間はかかるが，土や砂に水が染み込む様子，乾いたところとの性質の違いに子どもが気付く機会にもなる。

ゴムチップや樹脂製の芝等の人工物には，ほこりがたたず，気候や日照，土壌条件に左右されないという利点がある。管理のしやすさから，屋上やプール周辺，踏圧がかかる遊具周辺に使われることも多い。

維持管理の手間はかかるが，芝生が青々とした園庭は美しく，思わず駆け出したり，寝そべったりしたくなる。バッタやトカゲ等の小さな生き物が集まりやすくなり，それらを見つけた時の喜びは，再び子どもを園庭へと誘うだろう。園庭を芝生化することで，土に比べて子どもの身体活動量が高まり，動きも多様化する[6]。はいはいで進んだり，寝転がってみたりという動きが引き出されるのは芝生の上ならではといえるだろう。芝生には，その弾力性が活動に安全性と多様性をもたらすことに加え，「強風時における砂塵（さじん）の飛散防止」，「降雨時における土砂の流失防止」，「夏季における照り返しや気温上昇の抑制」等の効果もある[7]。園庭の全面芝生化が維持管理上難しい場合には，園庭端部や中央部分の芝生化や，第二園庭のみ芝生化をする方法[8]を検討するとよいだろう。

＊1　保育所の場合，「児童福祉施設の設備及び運営に関する基準（最終改正：令和4年1月31日厚生労働省令第20号）」に屋外遊戯場の面積は，満2歳以上の幼児一人につき3.3 m²以上と定められている。なお，屋外遊技場については，近所の公園や神社の境内等で代替可能とされる。幼稚園の場合には，「幼稚園設置基準（最終改正：平成26年7月31日文部科学省令第23号）」に，2学級以下は，330＋30×（学級数－1）m²，3学級以上は，400＋80×（学級数－3）m²と定められている。

4）前掲書2）と同じ

5）前掲書2）と同じ

6）中島弘毅・大窄隆・張勇・根本健一・山崎信幸「園庭環境の違いが幼児の身体活動量と運動能力に及ぼす影響：園庭の芝生化に着目して」松本大学研究紀要, 10, 2012, pp.185-195.

7）文部科学省「公立学校の施設整備　一般Q&A」2011.

（2）遊　具

　園庭に設置された，ブランコ，すべり台，ジャングルジム，雲梯<small>うんてい</small>，鉄棒等の様々な固定遊具は，揺れたり，滑ったり，登ったり，ぶら下がったり，回転したりといった多様な動きを引き出す。さらに，固定遊具及びその周辺は，基地や家等としてごっこ遊びの場に使われることもある。設置にあたっては，樹木や地形の起伏等も遊具として併せて活用することも考慮しながら，必要かつ適切な種類，数，規模，位置を検討することが重要である[9]。

　子どもの興味や関心に応じて配置や再配置が可能となる，巧技台や大ブロック，ビールケース，ベンチ，板等も安全性に留意して導入したい。遊びが固定的になりがちな固定遊具と組み合わせることも検討するとよいだろう。その際，保育者は，子どもの遊びのイメージを大切にしながら，活動の充実に向けて子どもと共に環境を構成し，再構成し続けていくことを心掛ける[10]。園庭では，運動的な遊びをする子どもも多いので，他の遊びの動線にも気を配りながら，場を作るようにする。

　遊具は，子どものみで利用しても十分な安全性及び耐久性を備えた仕様のものを選定すること，定期的に安全点検を行い，破損箇所の補修を行う等，日常的な維持管理を行うことが重要である[11]。濡れていると滑りやすいため，雨上がり等には水滴をしっかりと拭き取ったり，万が一，落下した際にも大けがにつながることを回避できるように安全マットを敷いておいたりする等の対策を十分に行う。

（3）砂遊び場・水遊び場

　砂遊び場は，安全面及び衛生面における維持管理に十分留意しつつ，適当な面積，形状，砂質等のものを確保する[12]。衛生的に管理するために日当たりがよいところに設置し，使用後は通気性のよいシートを掛ける等して動物の糞が入ることを防ぐ。近くの棚<small>たな</small>やワゴンにシャベルや熊手，バケツ，ジョウロ，抜型，雨樋<small>あめどい</small>等があり，自由に使えるようになっていると，子どもが遊びに必要なものを主体的に選択することができる。加えて，水場が近いと，型抜きをしたり，山やダムを作ったりすることができ，砂が乾いた状態と水を含んだ状態との性質の違いに気付きやすくなる。

　土でも遊べるような環境があると，両者の性質の違いから遊びはさらに広がる。その際，土にも様々な種類があるため，それぞれの特徴を踏まえて園環境に取り入れることが重要である。例えば，泥団子作りを行うには，粘土及びシルト（微砂）成分が含まれた可塑性<small>かそ</small>に富んだ土も使えるようにしておく必要が

8）東京都環境局「幼稚園・保育所等における芝生化のススメ（基礎知識編）」

9）前掲書2）と同じ

10）文部科学省『幼稚園教育要領解説』（第2章第3節）2018.

11）前掲書2）と同じ

12）前掲書2）と同じ

13）竹井 史「子どもの土遊びを広げる物的環境としての土素材の工学的研究」保育学研究，50(3)，2012，pp.8-17.

ある[13]。子どもは，園庭，畑，裏庭等，園内のいろいろな場所から土をとってきて，水の量を調節したり，土と土とを混ぜ合わせたりしながら繰り返し泥団子を作る。そして作る過程で，固くするにはこの土と混ぜ合わせるとよい，ピカピカに仕上げるにはここの土がよい等と，土にもいろいろな種類があることに気付き，目的に合わせた使い方をするようになる。

　遊びが楽しくなれば，また遊ぶときのために道具も大切にする。道具を洗う際にはホースから水を出しっぱなしにするのではなく，水を溜（た）めることができるようにたらいを用意する等，限りある資源を大切にする姿勢も育てたい。

　水遊び場は，日当たりがよく，安全かつ衛生的に管理できる位置に設け，必要に応じて日除けのための設備を設置する。また，水質管理ができるプール等の他，小川や池，可動式の水遊び場を計画することも有効である[14]。

14）前掲書2）と同じ

（4）動物の飼育，植物栽培のための施設

　ウサギやニワトリ等を飼育するための動物小屋は，年間の日当たりや通風等も踏まえた上で，その動物の生態に適切であり，かつ，子どもが日常的にふれあったり，世話をしやすい場所に設置する。

　緑化スペースについては，土地的・気候的条件を十分考慮し，四季折々に花を咲かせ，実をならせる樹木を選ぶ等，植物やそこに飛来する野鳥，昆虫等の生態等を観察できるように構成することが重要である[15]。地域の自然を活用した池や小川では，オタマジャクシ（カエル）やヤゴ（トンボ）等の水辺の生き物との関わりも期待できる。園庭で捕まえた昆虫等の小さな生き物であれば，飼育する場合にも餌等を探しやすく，放しても生態系を壊すことがない。モンシロチョウならキャベツやブロッコリー等のアブラナ科，アゲハチョウならミカンやサンショウ等のミカン科というように，園に呼び込みたい身近な生き物の餌や棲み処となるような樹木や草花を選定することも重要である。

15）前掲書2）と同じ

　安全性に留意し，木登りをしたり，ブランコ等を設置したりできる樹種を選定するのもよい。落葉広葉樹の高木には，風に揺れる枝葉や木漏れ日から天気や四季の変化を感じられるだけでなく，夏に向けては，強まる日差しを遮（さえぎ）り，秋には落ち葉で遊ぶことができ，冬には日当たりがよくなるという利点もある。季節の草花や木の実は，目で楽しむだけでなく，ままごとや色水遊び，製作等に自由に使えることも重要である。様々な形や大きさの葉，色とりどりの花がある雑草園も子どもにとって魅力的である。

　子どもにとって栽培経験は植物も生きていることを理解する助けとなり[16]，作物を育て，調理したり，味わったりすることは食育にもつながる。花壇（かだん）は，子どもが自発的，自主的に世話ができ，また管理もしやすい位置や規模となる

16）日下正一・長谷川孝子・風間節子「幼児における植物の成長プロセスと生命に関する認識の変化：エダマメの栽培経験の効果」発達心理学研究，8(3)，1997，pp.195-205.

よう設ける。例えば，保育室前は一般的に日当たりもよく，日常的に子どもの目に触れることとなるため，水やり等の世話もしやすい。保育室が2階にある場合には，避難路の妨げにならないよう留意して，バルコニーにプランターや植木鉢を設置するとよい。栽培する草花，野菜等の種類は開花や収穫の時期やその期間，育てやすさを考慮して選ぶ必要がある。

2　園庭の環境の実際

　ここからは園庭の環境の実際について，園庭施設や活用の事例を踏まえながら，子どもたちが主体的な遊びを実践できるような園庭環境の構成，そしてそこで展開されうる園庭遊び活動についてふれていきたい。

（1）運動広場

1）運動場，広場

　園庭で，まずイメージするのは運動場，広場であろう。子どもたちが走り回ったり，ボール遊びや鬼ごっこ等，集団で外遊びを行う場所である。

　運動場，広場は，多くの保育の場（幼稚園，保育所，幼保連携型認定こども園をいう）で園庭のなかで最も大きな面積を占める場所であり，また，多くの子どもたちが屋外で過ごす場所ともいえる。活動的な遊び，また静かな遊びもある。地面に線を引いて，かけっこコーナーや，ドッジボールコーナー，遊びコーナーを作ってみたり，可動遊具や運動器具を出して遊んだり，いわば屋外の保育室・遊戯室としての役割を果たす場所である。

写真3−1　運動場ボール遊び

　保育の場の野外行事の場所としても活用されている。保育の場の運動会や地域のお祭り，バザーの会場にもなる。

　夏に組立式プールを園庭に設置する保育の場もあり，水遊びの場所としても活用される。

　園庭の広場は，園の防災避難場所としての位置づけもあり，子どもたちが避難訓練の際に一時的に避難する場所としても使われている。

写真3−2　バザー

（2）固定遊具

　園庭遊びの代表的なものとして，遊具での遊びがある。鉄棒，すべり台，砂場，複合遊具等の固定遊具は，多くの

園の園庭に設置されており，子どもたちの様々な遊びを提供する場となっている。

　子どもの遊び環境の専門家である仙田満は，子どもが遊びを通して開発する能力として，「身体性」，「社会性」，「感性」，「創造性」をあげている[17]。登ったり，つかんだり，足で踏ん張ったり，といった行動から得られる身体性，コミュニケーションや友だちづくり等の社会性，高いところから見る風景の美しさに感動する等の感性，砂遊びで表現する等の創造性。そして仙田は近年，「挑戦性・冒険性」をその能力の一つとして加えている[18]。例えば，鉄棒の逆上がりを，何度も試して失敗して，友だちから助言を受けたり，繰り返すうちにできるようになり，その時に感じるうれしさと達成感が生まれる。固定遊具には，遊びながらこれらの能力が自然と培われる要素が含まれている。

　また固定遊具は，主な目的とする遊び方だけでなく，他の遊びのフィールドとなったり，遊具と素材を組み合わせて遊ぶこともできる。例えば，すべり台がすべる要素だけでなく，おにごっこの遊び場の一つとして活用されたり，ジャングルジムにベンチを斜めに立てかけて登る場を作ってみたりもできる。固定遊具を活用した様々な遊びも考えたい。

17）仙田　満『環境デザイン論』放送大学教育振興会，2009，pp.120-121.

18）仙田　満「こども環境学会 2015 年大会（福島）：大会趣旨説明」福島大学，2015.

写真3－3　すべり台，砂場

写真3－4　複合遊具

（3）可動遊具・素材・道具

　遊具には固定遊具とともに，子どもたちや保育者が，自分で動かせたり移動できる遊具や素材，道具もあり，遊びに積極的に活用されている。

　そのひとつは，三輪車や体育用具等であり，遊びの要素が明確な可動遊具である。三輪車は自ら運転の楽しさを体験することができる遊具で，一人乗りとともに，複数人乗りのものもある。また移動式の鉄棒や平均台等，運動遊びを行う際に使用する体育用具も活用されていることがある。移動式のため，必要に応じて持ち出し，また片付けることができるので，場所をとらない利点がある。

　もうひとつは，タイヤ，板，ジュースケース，ペットボトル，ベンチ，テーブル等といった，多様な遊びに対応できる様々な素材である。園庭倉庫や建物脇のかご等に収納・保管され，子どもたちが素材を自由に手に取って持ち出したり，組み合わせたりして遊ぶことができる。遊びを創造する力が育まれ

る。保育者が年齢や時期に応じて素材を準備したり，遊び場に用意しておくことも考えたい。リサイクルの素材も園庭遊びとしてよく使われている。

　そして砂場遊び等，外遊びに活用される，様々な道具もある。子ども用のシャベルやバケツ，リヤカー，水遊びのジョウロ等，道具があることで，さらに幅が広がる遊びが生まれる。

写真３−５　砂場遊びと道具

（4）自然環境–緑と水辺–

　園庭において，保育の場の子どもたちがもっとも出会うべき大きな存在のひとつは，自然の環境であろう。幼稚園教育要領（以下，教育要領）[19]や保育所保育指針[20]においても，領域「環境」の中で，生活の中で身近な自然にふれることの機会の重要性が繰り返し述べられている。アメリカの海洋生物学者であるレイチェル・カーソンは，センス・オブ・ワンダー（神秘さや不思議さに目を見張る心）を，子ども時代に自然の中で情緒や豊かな感性を育むことの大切さにふれ，そしてそれを分かち合う大人の存在について言及している[21]。地域環境から自然が失われつつある今，園庭に小さくても子どもたちが関われる自然，そして子どもの自然にふれたときの驚き，発見の気持ちに共感できる保育者の存在が大切なのである。

　自然環境には様々な自然が存在するが，ここではまず生き物が生息しうる場，草地，樹木，木立ちや森，水辺等についてふれていきたい。

写真３−６　三輪車遊び

写真３−７　素　材

　例えば草地であれば，芝生や雑草が生えている草原等は，草・花・虫の宝庫である。子どもは，ネコジャラシで遊んでみたり，タンポポの綿毛を飛ばしたり，バッタ，カマキリを探して捕まえてみたり，観察したりする。

　いろいろな木があると季節変化が楽しめる。春の若葉，夏に濃く生い茂り，秋には紅葉，冬には落葉になる。木の花も白・黄・赤など様々あり，木の実もドングリ，松ぼっくり，果物等，食べられるものもある。大きな桜やモミの木等，園庭にシンボルツリーがあってもよい。

　樹木は１本だけでなく，何本かの木立ちや森があっても楽しい。木々の周りをめぐってみたり，風に揺れる木々のさざめきを楽しんだり，木登りをした

19）文部科学省『幼稚園教育要領』（第2章環境），文部科学省，2017.

20）厚生労働省『保育所保育指針』（第2章3ウ環境），厚生労働省，2017.

21）レイチェル カーソン，上遠恵子訳『センス・オブ・ワンダー』新潮社，1996.

写真3－8　木の実採取

写真3－9　池で観察

り, 落葉を集めて寝転んでみたり, ツリーハウスがあると上から見渡せることもできる。

　池やせせらぎ, 水鉢があると, カエルやトンボがやって来て, 卵を産み付け, オタマジャクシ, ヤゴ等水辺の生物が生息するようになる。

　安全配慮を行いつつ, 子どもたちに自然との多くの出会いの機会を心掛けたい。

（5）栽培・食育の環境

　教育要領では, 領域「環境」内容（5）「身近な動植物に親しみをもって接し, 生命の尊さに気付き, いたわったり, 大切にしたりする」[22]とあり, 世話をする体験を通して, 命あるものへの気持ちの育みが大切と述べられている。ここでは栽培・食育に着目し, 草花, 野菜, 稲, 果物を育て, 収穫, 調理, 食する等の関わりを通して, 興味や関心, 探究心を促したい。

　例えば, 草花の栽培であれば, 花壇, プランターや鉢でも, 運動場のコーナーでも, 季節を感じることができる草花を育ててみる場所があるとよい。球根や苗を植えて, 季節の花を楽しむのも, 花摘みして色水遊びもよいし, オシロイバナを育てて種をつぶして水を混ぜて白粉遊びもできる。

　野菜の栽培であれば, 場所のある園庭では, 畑・菜園の地植えで行い, 場所が狭かったり, 動かしたいときはプランター・鉢栽培で行う。春夏には, ミニトマト, キュウリ, ナス, 秋冬にはサツマイモ, ダイコン, カブが収穫できる。種まき, 苗植えして, 水やり, 間引き, 草取り, 支柱立て等の世話をして, 少しずつ生長していく様子を観察して, 花が咲き, 実が成り, みんなで収穫する。生でも調理しても一緒に食べるのは楽しい。

　米の栽培であれば, 水田でもバケツ稲でも始められる。春に田植えを, 秋に稲刈りをして, すり鉢と軟式ボールを使って籾摺りして玄米を作ることもできる。また刈り取った稲わらを使って, 正月のしめ縄づくり等も可能である。

　果物の栽培であれば, 畑で果物を育てる, 保育の場に果物の樹や果樹園があれば親しむこともある。イチゴの栽培は冬越えで半年ほどかかるが, 実が赤く大きくなる様子を見るのは楽しい。夏にブルーベリー, 秋にカキ, 冬にミカ

写真3－10　プランター栽培

ン等の季節ごとに成る果樹があるのも楽しい。そのまま食べても，ジュースやジャムづくりの体験をするのもよい。

　また，調理台があるところで，野菜や果物を刻んだり等，外で調理をしたり，食べるのもまた思い出になる体験となる。

　栽培植物の種，苗等の種類は，子どもたちと相談して決めるのもよい。

写真 3 － 11　収穫野菜を食す

（6）動物・昆虫飼育の環境

　教育要領の総則では，「幼児期の終わりまでに育ってほしい姿」のひとつとして，「(7) 自然との関わり・生命尊重」があり，動植物へのふれあいの機会の重要性が示されている[23]。近年集合住宅で生活し，家庭で生き物を飼育することができないこともある中，保育の場における環境で動物，昆虫と関われる機会があることは意義深い。室内のみならず，園庭においても環境次第で，動物，昆虫とのふれあいを行うことができる。

23) 文部科学省『幼稚園教育要領』〔第1章第2 3(7)〕, 2017.

　例えば，動物の飼育小屋やかごで飼っているウサギ，モルモット等の水，餌やり，掃除等の世話に，子どもたちが関わることができる。一緒に遊んだり，抱いてみることで，動物たちも自分たちと同じように，温かく，命があることに気付くことができる。前述した池や水鉢では，自然にやって来るカエル，トンボだけでなく，金魚やザリガニ，メダカ，カメ等，水に生息する生き物を持ち込み飼育，世話をすることもできる。同様に，昆虫においても，園庭で見つけだしたダンゴムシやアリ，カタツムリ等の虫や，もらい受けたカイコを虫かごで飼ってみたりもできる。草むらや石の下に小昆虫は多く潜んでおり，小昆虫が生息しやすい環境を子どもたちと作ってみるのもよい。

写真 3 － 12　飼育小屋

（7）お山，斜面

　保育の場に通う最近の子どもたち，特に入園したばかりの3歳児について，転び方をよく知らない子が多い，という話を聞くことがある。転ぶときに手をつかずに，顔から転んでしまうという。これは入園するまでの時期に，家庭での生活の中で転び方を学んでこなかったこと

写真 3 － 13　虫の住処づくり

が原因とも考えられる。子どもは平坦な地面だけでなく，お山や斜面，でこぼことした地面で遊んだり，走ったりする中で，足腰の力や平衡感覚が身につくのではないだろうか。特に乳幼児期の発達著しい時期に，園庭に小さくとも，お山や斜面を設け，こうした体験を促したい。

お山，斜面があることで，登る，下る，走る，はう，滑る（段ボールで）等の行動が生まれる。また，山に登り，高いところに立つことで，地面とは違った視野が広がるということもある。お山の中央に土管が入っているのも楽しい。

お山の周囲を走り回るだけでなく，掘ってみたり，泥団子を作ったり，水を流して川を作ってみたりしてみるのも面白い。いずれお山がなくなっても，また土を盛ってみんなで作ればよいのである。

（8）自然の素材

自然の中には遊びの素材があふれている。園庭の外遊びの中でも，様々な自然の素材とふれたり，また素材を持ち込むことで，子どもたちがいろいろな自然と出会い，興味や関心を深めるきっかけを作りたい。

例えば天候や気候であれば，どんな園環境であっても，どの保育の場にも同じように与えられる環境が天候や気候である。太陽と雲。日向と日影。雨の音と雪，氷の冷たさ。風の強さ，音。暑さと寒さ。春夏秋冬の四季。

写真3－14　お山遊び

例えば地面の砂，土，粘土，泥であれば，園庭の運動場の素材は保育の場によって様々（砂地・固め，ぬかるみやすい等）である。地面に枝や水で線を描いたり，ぬかるみで泥遊びをしたり，土の場所で泥団子を作ったりもできる。

例えば水であれば，水道（手足洗い場），水たまり，雨，プール，シャワーがきっかけになる。夏の暑い盛りに水遊びをしたり，栽培植物に水やりしたり，シャワーを日光に当てて虹を作ったり，砂場で海を作ってみる。

写真3－15　斜面遊び

例えば植物であれば，芝，草，花，樹木がきっかけになる。春たくさんの花を集めてみたり，シロツメクサの花冠づくりや，土と草，花のケーキづくりをしてみる。また，草花遊びをしたり，果物の実を採ってみたり，大きな木の枝に登ってみる。

　例えば木材，竹材，ロープ（自然でできた素材を活用）であれば，木材は1枚でも子どもたちが運んで，テーブルやベンチになる。竹材は七夕飾りや竹馬，半割りは流しそうめんにも使える。ロープを使って斜面を登ったり，ロープ渡りもできるだろう。

　例えば石，岩であれば，日の光に照らされた岩の温かさを感じたり，石や岩を虫眼鏡で覗いてみる。石で岩を叩いて音を楽しんだり，岩から岩へ渡ってみたり，岩登りをしてみる。

　例えば火であれば，煙や安全に配慮をしながら，七輪やたき火スペースで焼いもをしたり，ピザ釜でピザを焼いてみる。

　自然素材を使った多様な遊びの機会を設けたい。

写真3−16　光と影

（9）様々な舗装

　園庭には，土の地面以外にも，様々な舗装が使われていることがある。土以外の舗装面でも，それぞれの特性を生かした遊びが生まれている。

　例えばコンクリートやアスファルト舗装は，硬い平坦な舗装であるので，三輪車遊びや，白線，チョーク遊びが行いやすい。園路や横断歩道を描いたりして，公共交通のルールを学べたり，いろいろな色で自由に描いてみるのも楽しい。

写真3−17　斜面ロープ遊び

　ゴムチップ舗装は，固定遊具の足元や園路として敷かれたりしている。弾力性があり柔らかく安全な素材のため，走り回ったり，乳児の遊びエリアにも活用されていることがある。

　ウッドチップ舗装は，伐採した樹木や枝を機械で細かく砕いたもので，森の中の園路として活用されることも多い。踏んだ感触は柔らかく，自然素材のため舗装直後は木の香りがする。雨にぬれてもウッドチップがあることで，園路の土がぬかるみにくい。

写真3−18　コンクリート舗装

（10）自然環境への配慮

　教育要領の前文には，「これからの幼稚園には，（中略）

写真3−19　ゴムチップ舗装

24）文部科学省『幼稚園教育要領』（前文）2017.

＊2　SDGs
Sustainable Development Goals の略。

25）国連「持続可能な開発のための 2030 アジェンダ」（2015 年 9 月国連サミットで採択），2015.

26）前掲書 17）と同じ

持続可能な社会の創り手となることができるようにするための基礎を培うことが求められる」とある [24]。持続可能な社会の創り手となるべく，この地球を次の世代まで引き継ぐために，それぞれが何をすればよいかを考え，行動することが求められている。そのひとつの視野として，国連で採択された「持続可能な開発のための 2030 アジェンダ」の 17 の持続可能な開発目標（SDGs [＊2]）がある [25]。クリーンエネルギーや持続可能な都市，気候変動等があげられているが，園庭環境でも自然環境配慮の視点で行えることがある。

　例えば，コンポストでの堆肥（たいひ）作り。園庭の落葉や枯木，余った食材等の生ごみ等を集めて，自然発酵させて肥料を作り，畑やプランターの栽培に活用することができる。ほかにも雨水を利用して運動場の散水や栽培の水やりに活用したり，太陽光発電パネルや風力発電機を導入している保育の場もある。クローバーの種を撒いて野原を作ったり，木陰となる樹木を植えることで，夏場の日陰を作り，地表面の温度を下げることも可能である。

　保育の場で，子どもたちと始められる自然環境への配慮のための方策を考えたい。

写真 3 − 20　堆肥作り

写真 3 − 21　太陽光・風力発電

（11）隠れ家，休み所

　子どもたちは隠れるのが大好きである。かくれんぼ，土管の中しかり。ちょっとした狭い空間や暗い場所，くぼ地，高い場所，他の人たちがいる世界から離れて，自分一人，もしくは子どもたちだけの世界を繰り広げるのが好きである。こうした遊び空間は「アジト空間」（秘密の隠れ家）とも呼ばれる [26]。保育者としては，子どもが隠れて視界から見えなくなることは，安全上心配な面はあるかもしれないが，子どもたちのこうした遊びの習性も大切にしたい。

　例えば土管やチューブ，プレイハウス等があるのもよいし，低木（灌木）の一部を抜いて小道ができると乳児向けの楽しいトンネルになる。すのこやバスマットと遊具を組み合わせると，おうちができたりする。隠れる体験となる。

　それとともに子どもたちは座って遊ぶのも好きである。いすでもベンチでも，すのこ，デッキ，ジュースケース等，すこし小高い場所があると，腰かけて，周りを眺めたり，友だちとお話したり，地面をさわったりしている。園庭での遊びは活動的な遊びに注目しがちであるが，このような環境では，静かな遊びがたくさん生まれていることも

意識したい。

(12) 遊環構造−回遊性−

　子どもの遊びにおいては，子どもたちの様々な興味や関心や体験を促すよう，保育者による環境構成や保育の場の環境整備が重要となる。その際，子どもたちの遊びの場（運動の場や固定遊具や可動遊具，自然物等）が，行き止まりのない遊びの動線＝回遊性のある遊び場として，連続配置構成されることにより，遊びの連続性が生まれる。仙田満は著書『子どもとあそび』[27]の中で，子どもの遊びが連続するモデル「遊環構造」を提唱し，7つの条件を示し，最も重要な要素として循環性（回遊性）をあげている。幼稚園施設計画のガイドラインである『幼稚園施設整備指針』でも，多様な自然体験や生活体験が可能となる環境として，その重要性が謳われている[28]。

　回遊性のある遊びをどう作るか。遊具の配置はなかなか変えることができないかもしれないが，例えば子どもや保育者が可動遊具（丸太，板等）を活用して，ぐるっと回れる遊び場を創りだしたり，写真3-24のように，地面にう

写真3−22　隠れ家づくり

写真3−23　休み所

写真3−24　回遊性のある遊び場

27）仙田 満『子どもとあそび』岩波書店，1992, pp.116-117.

28）前掲書2）と同じ

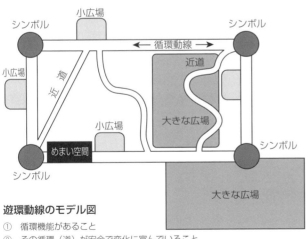

遊環動線のモデル図

① 循環機能があること
② その循環（道）が安全で変化に富んでいること
③ その中にシンボル性の高い空間，場があること
④ その循環にめまいを体験できる部分があること
⑤ 近道（ショートサーキット）ができること
⑥ 循環に広場，小さな広場などが取り付いていること
⑦ 全体がポーラスな空間で構成されていること

図3−1　遊環構造のモデル図

出典）仙田 満『子どもとあそび』岩波書店，1992, pp.116-117.

写真3－25　ケース・ゴザを活用

写真3－26　壁でお絵描き

ずまきを描いてじゃんけんしたりして，つながる遊びを生み出すことができる。

(13) 表現の場

　子どもたちは園生活の中で，造形や音楽，身体など様々な表現を行っている。そうした表現活動は室内だけでなく，屋外で行っていくこともできる。むしろ，表現の自由度の観点からは，制限の少ない屋外の方がより豊かなものが生まれるかもしれない。

　園庭には，子どもたちの表現の場があふれている。例えば砂場であれば，砂で山を作る，川や海，板をのせて橋を作る。もしくは野原であれば，草花を摘んで花飾りを作る。枝をジャングルジムで叩いて音を楽しむ。両手を伸ばして走り回って飛行機になりきる。そうした子ども自身の「やってみたい」という思い，そして環境との関わりを通して，様々な表現は生まれる。

　こうした子どもたちの表現の機会を促す場として，小さな仕掛けを園庭に設けていくことも効果的である。例えば，ビールケースを積み上げ，その上にゴザやベニヤ板を乗せることで，簡単なステージを作ることができる。すのこやデッキスペースもよい。園庭にシートを敷いて移動テントを置き，板や棒，工具を置くことで，工房遊びがはじまる。園庭のコンクリート壁にチョークで絵を描いてみる。保育の場でコーナーとして作っても，保育者の環境構成として行ってもよい。

(14) 乳児と幼児の遊びの場－やわらかく分ける，見る見られる関係－

写真3－27　プランター等を使用してやわらかく園庭を区分け

　ゆったりと遊ぶ乳児と，のびのび活発に遊ぶ幼児，園庭での遊びにおいて違いが見られる。保育所や認定こども園では，乳児と幼児が一緒の場所や時間帯に遊ぶ場合には，特に乳児の安全性への確保への課題から，様々な対応を行っている。

　乳児，幼児ともに，園庭での遊びの時間や機会を設けてゆくことが大切であるため，園庭を大まかにやわらかく，乳児園庭と幼児園庭に分け，それぞれが存分に遊びを行える方策が有効である。乳児園庭では，小広場や砂場，栽培等，歩いたり，様々な素材に触れて

遊ぶことができるとよい。またこれら園庭の区分けには，プランターや丸太，低めの木柵等，動かせるものを使用すると，運動会等の際に園庭全体を活用することもできる。また仕切りの間に小さな通路を設けて行き来できたり，高さは子どもの目線下までのものとする工夫により，乳幼児の交流や見る見られる関係も生まれやすくなる。

（15）園庭の環境構成と環境創生—子ども，保育者，園関係者で環境づくり—

これまで述べてきた園庭の環境での様々な屋外遊びを実践するためには，保育者や保育の場による環境構成や環境創生が大切となる。子どもたちが主体的に遊びを作り出すための素材や環境をどれだけ用意，整備できるかによる。

写真 3 − 28　砂場と素材遊び

例えば，春，園庭に虫めがねを用意することで，子どもたちは虫めがねを小昆虫や砂，葉っぱ等，様々なものにかざすことで，普段見る世界とは異なる姿を発見するだろう。砂場に小さな板があることで，砂山を渡る橋に見立てたり，泥団子を乗せる台として活用するかもしれない。正門前に花のプランターを置くことで，登降園の親子が咲いている花に関心を抱くかもしれない。園庭に小さな変化を作ることで，子どもたちの興味や関心，動きは変わってゆくだろう。

写真 3 − 29　田んぼづくり

そして，もし園庭に今はないけれど，トンボがやってくる自然池があったら，大根が育てられる畑があったら，お山があったら，こんな遊びが生まれるなと思えば，子どもたちや保育者，そして保護者や地域の協力を得て，みんなで作ることもできる。そうしたことも保育者の果たす役割となりうることと考えたい。

● **演習課題**

課題1：自然とのふれあいが大切な理由を，幼稚園教育要領，保育所保育指針等で調べてみよう。
課題2：四季を通した，子どもとの栽培の内容について考えてみよう。
課題3：「素材を活用した遊び」の素材や遊び方法について話し合ってみよう。

●**参考文献**

大豆生田啓友編著『子どもが遊びたくなる　草花のある園庭と季節の自然あそび』フレーベル館，2014.

加藤積一『ふじようちえんのひみつ：世界が注目する幼稚園の園長先生がしていること』小学館，2016.

仙田　考「園・地域参加型の園庭自然ふれあいの場の創生についての一考察−園児のあそび，学び，生活環境の向上や幼小連携に繋がる園庭改善事例から−」鶴見大学紀要，第53号第3部，2016，pp.21-28.

仙田　考「園庭舗装環境とあそび・生活活用の関連性についての一考察」こども環境学研究，Vol.13，No.1，2017，p.58.

仙田　考「乳児のための園庭環境構成に関する一考察」日本保育学会第70回大会発表要旨集，2017，p.483.

早川悦子・細川かおり・仙田　考・山中あけみ・河西由佳・幸喜　健「園庭がない保育所という環境への挑戦　第2報−テラスを豊かに『雑草プロジェクト』の取りくみ−」日本保育学会第70回大会発表要旨集，2017，p.1095.

細川かおり・早川悦子・仙田　考・山中あけみ・岡野雅子・河西由佳「園庭がない保育所という環境への挑戦　第1報−遊具の導入による遊びの変化と遊具の機能の考察−」日本保育学会第70回大会発表要旨集，2017，p.1094.

宮里暁美『子どもたちの四季』主婦の友社，2014.

デイヴィッド　ソベル，岸　由二訳『足元の自然から始めよう−子どもを自然嫌いにしたくない親と教師のために』日経BP社，2009.

コラム　テラス・屋上環境を活用しましょう

●現　状

　幼稚園の設置基準*では，運動場（園庭）の設置が求められていますが，保育所では，屋外遊技場（園庭）は近所の公園等で代替可とされており，必ずしも敷地内の専用園庭は求められていません。特に都市部においては，幼稚園でも園庭面積に余裕がない場合や，保育所では園庭がない，狭い，テラスや屋上のみという園も多いです。そうした園では，散歩に出て公園等で遊び活動を行っているものの，乳幼児向け遊具でなかったり，安心して存分に遊んだり，続きの遊びは行いにくいため，身近で日常的に子どもたちが自然や，自在に作り出す遊びに関われる機会が少なくなってしまうことが懸念されます。

●方　策

　園内でも子どもたちが自然と関わったり，自ら遊びを作り出して楽しむことができるよう，テラスや屋上を積極的に活用しましょう。

活動1　プランター栽培

・野菜，花苗プランター：栽培を楽しむ，世話をし，生長を観察する等。

・緑のカーテン：日除けとしても活用可，ゴーヤ，ヒョウタン，朝顔等。

・雑草プランター：摘んでよい雑草との関わり，虫探し（ただし草は抜きません）。

写真3－30　野菜,花苗プランター　写真3－31　緑のカーテン　写真3－32　雑草プランター

活動2　素材と遊ぶ

・すのこ，丸太，板，小机等，子どもでも運べる大きさの素材を用意して，自ら置いたり組み合わせたりして，遊びを工夫できる仕掛けを行います。

　写真3－33　素　材　　写真3－34　組み合わせる①　写真3－35　組み合わせる②

注意点）テラス・屋上では，手すり周囲の子どもの遊びや安全に十分配慮しながら活動を行うこと。

＊　文部科学省『幼稚園設置基準』2014.

第4章 自然環境と保育

　乳幼児期における自然体験は，自然に対する畏敬の念や，生きものに対する親しみや愛情を育てる上で重要である。そのため，保育者（幼稚園教諭，保育士，保育教諭をいう）は乳幼児の自然体験がより豊かになるよう園内の環境整備を行うとともに，園を取り巻く自然環境の活用を考える必要がある。例えば，植物の栽培や動物の飼育，園外保育等を，計画的かつ子どもの興味や関心に応じて行うことが求められる。また，保育者自身が自然に対する感性を豊かにし，子どもと共感することが大切である。

1 自然環境とは

　自然環境とは，人々の生活を取り巻く全ての自然であり，「自然物」，「生物」「天体」，「自然事象（現象)」，「目に見える風景」等にわけることができる。

① 自然物…水，土，砂，石，空気等。
② 生物…動物，植物，菌類，微生物等。
③ 天体…太陽，月，星等。
④ 自然事象…雨，風，雲，雪，雷，夕焼け，虹，季節，台風，地震等。
⑤ 目に見える風景…山，海，川，池，森，草原，空等。

　では，「子どもにとっての自然環境」とは何だろうか。それは，「子どもの目に見えている環境」であり，「子どもが身近に感じ取っている環境」である。子どもは大人と共に同じ自然環境の中で生きているのであるが，子どもの目線，子どもの感性から感じる自然は大人とは大きく違ったものなのである。一人一人の子どもにとっての「自然環境」を理解することは容易ではないが，まずはその概要からみてみよう。

（1）子どもを取り巻く自然環境

「子どもにとっての自然環境」は，保育の場（幼稚園，保育所，認定こども園をいう），さらにそれぞれの園の特徴により違いがあるが，おおよそ以下のようなものが考えられる*1。

＊1　①〜④の他に，家庭における自然環境がある（子どもにより大きく異なる）。

①　園舎内・保育室：ウサギ，モルモット，金魚，ザリガニ，昆虫等の飼育物，鉢植え，生け花等。

②　園庭：庭木，芝生，季節の花や実，野菜や花等の栽培物，ウサギ，ニワトリ等の飼育動物，野生の鳥や昆虫等の小動物，落ち葉，木の実，虫の声等。

③　周辺地域：街路樹，芝生，花壇の花，草花，鳥，昆虫等（地域により大きく異なる）。

④　天候や季節感：寒さ，暖かさ，日差しの変化，風，雨，雪，雲，雷，虹等（地域により大きく異なる）。

（2）地域と自然環境

日本の自然環境は，北から南までの各都道府県，農村と都市等の地域性によって大きく異なる。例えば，北海道や東北地方では冬は雪に覆われるが，沖縄では全く降らない。季節ごとの花や木々，人々の過ごし方も大きく異なる。近くに豊かな海や緑に覆われた山がある等，自然に恵まれた地域であれば，身近な自然をどう体験させるかが重要である。一方，住宅地や工場地帯，ビルに囲まれた都会であれば，近くの公園等の自然を利用することが大切である。また，立地条件に合わせた園庭の環境や，日常の保育の中の飼育や栽培等の工夫が求められる。いずれも，それぞれの地域性と，子どもの発達過程を考えた，長期的な見通しをもった計画が必要である。

（3）保育における「自然」のとらえ方

子どもと自然の関わりをどうとらえるか，幼稚園教育要領（以下，教育要領），保育所保育指針（以下，保育指針），幼保連携型認定こども園教育・保育要領（以下，教育・保育要領）からみていく。

まず，「幼児期の終わりまでに育ってほしい姿」には「自然との関わり・生命尊重」として，以下のように記されている。

「自然に触れて感動する体験を通して，自然の変化などを感じ取り，好奇心や探究心をもって考え言葉などで表現しながら，身近な事象への関心が高まるとともに，自然への愛情や畏敬の念をもつようになる。また，身

近な動植物に心を動かされる中で，生命の不思議さや尊さに気付き，身近な動植物への接し方を考え，命あるものとしていたわり，大切にする気持ちをもって関わるようになる[1]」

また，領域「環境」においては，「ねらい」の（1）として，「身近な環境に親しみ，自然と触れ合う中で様々な事象に興味や関心をもつ」と示されている[2]。自然との関わりに関する「内容」では，「自然に触れて生活し，その大きさ，美しさ，不思議さなどに気付く」，「季節により自然や人間の生活に変化のあることに気付く」，「自然などの身近な事象に関心をもち，取り入れて遊ぶ」，「身近な動植物に親しみをもって接し，生命の尊さに気付き，いたわったり，大切にしたりする」の4項目が記されている[3]。これらの内容を踏まえて，保育者はどのようにとらえたらよいのかを考えてみる。

2　自然環境と保育実践

（1）自然への気付き

領域「環境」の内容（1）は「自然に触れて生活し，その大きさ，美しさ，不思議さなどに気付く[4]」となっている。また，「内容の取扱い」には「幼児期において自然のもつ意味は大きく，自然の大きさ，美しさ，不思議さなどに直接触れる体験を通して，幼児（子ども，園児）の心が安らぎ，豊かな感情，好奇心，思考力，表現力の基礎が培われることを踏まえ，幼児（子ども，園児）が自然との関わりを深めることができるよう工夫すること[5]」と記されている。以上をふまえ「自然との出会いと気付き」「自然との関わりを深めるための工夫」について考えてみる。

1）子どもと自然との出会い

子どもにとって自然との関わりは驚きと感動の連続である。大人にとっては些細（ささい）なことでも，その大きさ，不思議さ，美しさに心を動かされる。「雨でできた水たまり」「凍った池」「木の葉についた光る露」等，大人にとっては，日常の何気ない風景として見過ごしている自然現象に心をときめかせる。

大人もかつては子どもであり，このような自然に対する驚きや感動を感じていた。しかし，成長するにつれ，「あたりまえのこと」，「つまらないこと」，「興味のないこと」として，見過ごしたり，切り捨ててしまったものも多いのではないだろうか。このような子どもと自然との出会いを見逃さず，必要に応

1）文部科学省『幼稚園教育要領』〔第1章第2 3(7)〕，2017.
　　厚生労働省『保育所保育指針』〔第1章 4(2) キ〕，2017.
　　内閣府等『幼保連携型認定こども園教育・保育要領』〔第1章 第1 3(3) キ〕，2017.

2）文部科学省『幼稚園教育要領』〔第2章 環境 1(1)〕，2017.
　　厚生労働省『保育所保育指針』〔第2章 3(2) ウ(ア) ①〕，2017.
　　内閣府等『幼保連携型認定こども園教育・保育要領』〔第2章 第3 環境 1(1)〕，2017.

3）文部科学省『幼稚園教育要領』〔第2章 環境 2(1)(3)(4)(5)〕，2017.
　　厚生労働省『保育所保育指針』〔第2章 3(2) ウ(イ)①③④⑤〕，2017.
　　内閣府等『幼保連携型認定こども園教育・保育要領』〔第2章 第3 環境2(1)(3)(4)(5)〕，2017.

4）文部科学省『幼稚園教育要領』〔第2章 環境 2(1)〕，2017.
　　厚生労働省『保育所保育指針』〔第2章 3(2) ウ(イ) ①〕，2017.
　　内閣府等『幼保連携型認定こども園教育・保育要領』〔第2章 第3 環境 2(1)〕，2017.

5）文部科学省『幼稚園教育要領』〔第2章 環境 3(2)〕，2017.
　　厚生労働省『保育所保育指針』〔第2章 3(2) ウ(ウ) ②〕，2017.
　　内閣府等『幼保連携型認定こども園教育・保育要領』〔第2章 第3 環境 3(2)〕，2017.

事例4－1　カップに張った氷　3歳児 1月

　1月の寒い朝，登園した子どもが園庭においてあったプラスチックのカップの中の水が氷になっているのを見つけた。逆さにすると簡単に外れ，丸くて透明なガラスのようである。「ワーッ，ガラスみたい！」。女児数人がかわるがわるに触ってその感触を楽しんでいる。ほかにもないか探してみるが，取り出せるような氷は見つからない。明日の朝も凍るかもしれないということで，おうちごっこで使う様々な容器，なべ，カップ，茶碗，四角いトレー等，様々なものに水を入れて待つことにした。翌朝，でき上がった氷を見て，子どもたちは歓声を上げて大喜びだった。

写真4－1　氷が張った

　じて声をかける等の援助をすることが保育者に求められる。

　偶然見つけた丸い氷から，様々な形や大きさの氷作りに発展し，3歳児全員を巻き込んで盛り上がりを見せた。寒い冬にも色々な楽しみ方があることがわかった様子であった。

2）自然と出会う機会を作り出す

　現代社会はテレビやパソコン，さらにスマートフォン等を通しての間接体験の機会ばかりが増えてきている。そのような生活環境の中で，保育実践において「子どもが自然と直接触れる機会をなるべく多く作り出す」ことはますます重要になっている。そのためには，長期的見通しをもった環境設定と教育・保育計画が大切である。

　例えば，草花や野菜等の栽培や動物の飼育は，入園から卒園に至るまでの保育計画のなかに織り込むとよい。計画の立案の際には，子どもの発達過程や活動の連続性，季節感等を考慮することが重要である。また，園外保育（お散歩）で，自然と出会う機会を作るようにしたい。そのために，日頃から園の周囲の自然環境についてよく知り，適切な時期と場所を選ぶことが大切である。

3）感動を子どもと共有する

　「自然のすばらしさ，不思議さ面白さを子どもと共有すること」も，子どもの自然体験を深めるための保育者の重要な役割である。子どもの体験は，身近な大人（保護者や保育者等）が驚きや感動を共有・共感することによって深まる。そのためには，保育者自身が感性を豊かに保ち，子どもの気付きや感動，その際に発する言葉を受容し共感することが大切である。

　自然体験に限らず，気付きや発見は子どもによって異なる，同じ事象に出会っても気付いたり興味をもったりする子どももいれば，そうでない子どももいる。ある子どもが発見したことを他の子どもたちに伝え，みんなで共有することも必要である。自然体験の感動は，保育者や友だちと共感し，確かめ合うことで深まり記憶にも残るのである。

事例４－２　カタツムリ見つけた　3歳児　6月

　6月のどんより曇った日，A児が園舎の隅でしゃがみこんでいる。保育者が，どうしたのかと傍に寄ってみると，植木鉢の横をカタツムリが這っているのを食い入るように見ている。カタツムリを見たのは初めてなのか，「カタツムリ，いたね」と保育者が声かけをすると，「カタツムリ！」とうれしそうに答えて，またじっくり見ている。

　A児は，偶然見つけたカタツムリに心動かされ，思わずそこから動けなくなっていたのである。観察しているうちに，その形や，動き方に興味をもち，好奇心が揺さぶられたようだ。こうした体験が科学する心の芽生えに結びついていくことだろう。保育者の関わりと温かいまなざしが，A児の体験を深めている。

事例４－３　サワガニ見つけた　5歳児　10月

　遠足で，近くの山道をみんなで歩いているとき，突然B児が「あっ！　カニがいる！」。隣にいた保育者が気付いて見ると，道の側溝にサワガニがいる。「B君が，カニを見つけたよ。みんな見て」と言ってみんなに知らせる。子どもたちはみんなびっくりして覗き込む。「山にカニがいるの？」「海にいるのかと思った！」等と言っている。発見者のB児は得意げでうれしそう。

　遠足等でみんなで歩いているときに，花や虫等，色々な発見をすることがある。先を急ぐあまり，見過ごしてしまうこともあるが，こうした発見も大切な体験となる。この例の場合，ほとんどの子どもにとって自然の

写真４－２　サワガニ　　**写真４－３　サワガニを見つけた**

中でカニを見るのは初めてであった。絵本等で見るように，カニは海に住むものと思っていたようだ。わずか2分ほどの時間であったが，生き物を発見する楽しさと驚きを体験できた。もし，保育者がB児の言葉を聞き逃していたら，B児だけの小さな体験になっていただろう。

4）保育者の気付きを伝える

　一方で，保育者自らが気付いたこと，発見したことを子どもに伝えることも重要である。大人としての知識や経験によって発見でき，伝えることができるものもある。自然は常に動いており，動物や植物の種類や姿も常に変化している。子どもの興味や関心も次々に移り，その対象も子どもによって多様である。子どもの興味や関心を大切にしつつも，子どもが見落としている「面白いこと」，「楽しいこと」，「知ってほしいこと」を伝えることも保育者の大切な援助なのである。

コラム　　センス・オブ・ワンダー

　米国の生物学者で作家のレイチェル・カーソンは著書『センス・オブ・ワンダー (Sense of Wonder)』の中で，「生まれつきそなわっている子どもの『センス・オブ・ワンダー（神秘さや不思議さに目を見はる感性)』をいつも新鮮にたもちつづけるためには，わたしたちが住んでいる世界のよろこび，感激，神秘などを子どもといっしょに再発見し，感動を分かち合ってくれる大人が，少なくともひとりそばにいる必要があります*」と述べています。「少なくともひとり」の役割の第一は保護者であってほしいものですが，もしそれが叶わないとしたら，その「ひとり」の役割は保育者が担うしかありません。それほど保育者の役割は大きいのです。

　＊　レイチェル　カーソン『センス・オブ・ワンダー』新潮社，1996, pp.23-24.

（2）季節を感じる

6）文部科学省『幼稚園教育要領』〔第2章 環境 2(4)〕，2017.
　厚生労働省『保育所保育指針』〔第2章 3 (2) ウ（イ）④〕，2017.
　内閣府等『幼保連携型認定こども園教育・保育要領』〔第2章 第3 環境2 (4)〕，2017.

　保育内容「環境」の内容 (4) には「自然などの身近な事象に関心をもち，取り入れて遊ぶ6)」と記されている。日本には四季があり，子どもの生活や園庭での遊びも季節によって大きく異なる。また，地域によって暑さや寒さ，雨や雪の降り方，動植物の様子等，季節感が大きく異なる。

　子ども自身も，日々の生活の中で季節の変化を感じる場面に出会う。肌で感じる暑さや寒さ，衣服の違い，食べ物や生活の仕方にも変化がある。そのため，園内の自然環境の整備や室内環境の再構成や季節感のある遊びを取り入れたりする等，日常生活を通して，子どもが季節の変化を感じとれるような工夫をしたい。また，雨，風，雪，氷，雷といった自然を感じることも貴重な体験である。

事例4－4　風を感じて遊ぶ　5歳児1月

　子どもの登園を待ちながら，5歳児クラスの保育者が凧（たこ）を作っていた。「おはよう，先生，なにやってるの？」とC児が保育室に入って来る。保育者は，「凧を作っているのよ，よく揚がるの。見てて」と，やって見せる。C児も，「作ってみたい」と言って，すぐに作り始める。次に登園してきたD児とE児も「何しているの？」，「僕もやりたい」等と言って，凧作りに加わる。先に完成したC児は，うれしそうに凧を持って真っ先に園庭に出て行き，風に向かって走りだした。

　凧を揚げるには，風向きを考えなければならない。凧につける糸の位置，足の数，長さ等のバランスも考えないとうまく揚がらない。様々な工夫や，思いきり走る等，体を動かして遊ぶといった多くの育ちの要素が含まれている。これを保育者が意識することで，子どもの育ちが見えてくる。

事例4－5　雷だ！　4歳児7月

　7月の梅雨の終わり，午前中は晴れていたのに，午後から天気が急変し雨とともに，ものすごい雷が鳴りだした。ピカッ！　という光に続いて，ゴロゴロ！　ドーン！　というすさまじい音。はじめは怖がっていたが，少し慣れてくると，恐る恐る保育室からデッキに出て，暗くなった空を見上げている。するとまた「ピカッ！　ドーン！」。すると「ワーッ！」と言って中に駆け込む皆で，何度もこれを繰り返していた。

　怖いという気持ちの一方で，友だちや先生と一緒にいるという安心感。それに，何かすごい体験をしているというワクワク感が入り混じった様子。これもまた貴重な自然体験だろう。

1）園内環境と季節

　一日の大半を園内で過ごす子どもにとって，園内の自然環境は，最も季節感を感じる場所といえる。そのため，保育の場での生活の自然な流れの中で，子どもが季節の変化に気付き，季節ならではの体験ができるような環境整備が求められる。

　春の入園式の頃には色とりどりのチューリップが咲き，続いてサクラの花が満開を迎える。サクラが散って葉が茂るとともに日差しが強くなり，新緑の木陰が子どもの休憩場所となる。暑さが増し，セミの鳴き声とともに夏がやってくると，子どもはプールや水遊びが日課となる。夏が次第に遠ざかって涼しい季節を迎えると虫の鳴き声が聞こえはじめる。やがて秋の紅葉，そして落ち葉となり，寒い冬を迎える。

　このような季節の移り変わりをただ漫然と過ごすのではなく，「花が咲いた」，「暑くなった」，「セミが鳴いてる」，「雪が降った」といった言葉に表したり，絵に描いたり，友だちや保育者と共有することで体験は深まり，記憶に残る。そして，次の年にまた同じ季節が巡ってきたときに，「また，春が来た」，「同じ花がまた咲いた」という思いを感じることができるようにしたい。

　自然体験は，その日その場でしかできないこともある。貴重な体験の機会を逃さないことも大切である。

事例4－6　雪が降ったら　3歳児 1月

　関東地方のT市では雪が積もることは年に2～3回程度である。1月のある日，今日はふんわりした雪が一面に積もった。予定していたお遊戯の練習は取りやめて，朝の集まりが終わったら，すぐに園庭に出た。一面の白い雪の原にパタパタ足跡をつけたり，さわったりして子どもたちは「わぁー，まっしろだ」，「つめたぁーい」といって大喜び。その後は雪だるま作りで盛り上がった。

2）園外保育の工夫

　「お散歩」等の園外保育では，暑さや寒さを肌で感じたり，園庭だけでは見られない季節による自然や生活の変化を感じることができる。例えば，「春の花や新緑を見る」，「夏の虫を捕まえる」，「秋の木の実や落ち葉を拾う」，「落ち葉の中を転げまわる」等，四季折々の自然に触れる体験ができるようにしたい。

　園外保育を有意義なものにするには，日頃から保育の場の周囲の自然環境についてよく知り，「いつどこに行けばどんなものが見られるか，どんな体験や楽しみ方があるか」を把握し，適切な時期と場所を選ぶことが大切である。例えば，子どもたちが大好きな「ドングリ拾い」は，「いつ」，「どこに」落ちているかを事前に把握し，さらに下見をする等の準備が必要である（事例4－7参照）。このような保育者の適切な援助によって子どもの季節の自然への興味や関心，野外活動への意欲が高まる。また保育者はその後の保育活動の展開を

事例4－7　ドングリ拾い　5歳児 11月

　A保育園の近くのK公園は，ドングリの宝庫。コナラ・クヌギ・シラカシ・アラカシ・マテバシイ・スダジイの6種類のドングリが実をつける。ドングリカード（写真4－4）を持って6種類全部を見つけにいく。中でも人気なのがマテバシイのドングリ，大きくて硬くつやがあり，時間がたっても色あせない。クヌギのドングリはまんまるで帽子（殻斗（かくと））の部分は，もじゃもじゃした髪の毛のように見える。子どもたちは，大きくてきれいなものを一生懸命（いっしょうけんめい）探している。

考え，子どもにとって，より豊かな経験となるよう工夫することが大切である。

日本には約30種類のドングリがある。保育者は保育の場の周辺で，どんなドングリがいつどこに実をつけるか知っておきたい。また，豊作と不作が年によって，種類によって変わるので下見も必要である。

3）季節と行事

写真4-4　ドングリカード

日常の保育には季節感を取り入れる工夫が必要である。また，伝統行事等も，年間計画・月間計画に取り入れ，季節感のある体験を通じて，自然や人間の生活に変化があることに関心を向けるようにしたい。

近年，秋の収穫への感謝祭，正月を迎える行事，節句等，日本各地の季節感あふれる行事が失われつつある。そのような中，子どもが伝統的な行事に触れる機会をつくるには，地域の自治体や学校，伝統を守っている各種団体等との協力も大切である。

（3）自然を取り入れた遊び

保育内容「環境」の内容の（4）に，「自然などの身近な事象に関心をもち，取り入れて遊ぶ[7]」と示されているように，子どもは，遊びの中に自然の様々なものを巧みに取り入れていく。それは，土や砂，小石，水，植物等，あらゆる自然物である。子どもは，身近に手が届く自然環境に興味をもって関わり，活動を広げていく。保育者は，そのきっかけとなる自然物をどう利用するか，子どもの様子を観察しつつ環境構成をすることが大切である。

1）砂遊びと環境構成

砂遊びは，子どもの自由な発想で，様々な方向に発展できる遊びである。各年齢ごとに「山を作る」，「穴を掘る」，「バケツに入れる」，「水を流してみる」等，その遊び方は無限にあり，次々に新たな展開につながっていく。砂場の中で，おうちごっこ（ままごと）をしている子どももいれば，その隣で山を作っている子ども，電車ごっこをする子どももいる。自分の思い通りに作ったり壊したりできるのが砂遊びの楽しさである。スコップ・シャベル・バケツ・じょうろ・くまで・ふるい・ペットボトル・ホース・プラスチックの型等を用意し，子どもの年齢や，遊びの様子を見ながら，数の増減や用意するものの種類を変えるとよい。

7）文部科学省『幼稚園教育要領』〔第2章環境 2(4)〕，2017.

厚生労働省『保育所保育指針』〔第2章 3(2) ウ（イ）④〕，2017.

内閣府等『幼保連携型認定こども園教育・保育要領』〔第2章 第3 環境 2(4)〕，2017.

> ### 事例4－8　砂遊び　4歳児・5歳児7月
>
> 　4歳児のF児とG児が，シャベルとバケツ，ふるい等を使って，砂場の一角でケーキを作っている。少し水を含んだ砂を懸命にバケツいっぱいに入れ，たんたんと叩き，バケツを逆さにして砂をバケツから出す。その上に，ふるいから，乾いた白砂をシャカシャカとかけてでき上がり。ちょっとそこを離れて，飾り用の葉っぱを探しに出かけた。
>
> 　一方，砂場の大半を使って山や川を作って遊んでいた5歳児のH児がバケツに汲んだ水を勢いよく川に流しこむ。I児，J児も加わりさらに水を入れていく。すると，K児がスコップで新しい川を作りだした。それを見て，皆でどんどんその面積を広げていく。

写真4－5　砂遊び

　4歳の女児は，仲のよい友だちと，毎日のように砂遊びに夢中になっている。砂と水の混ぜ加減を考えながら，バケツやコップを使って様々な形を作る等，体験を通して学ぶ姿が見られる。

　5歳児になると，それぞれが体験し工夫したことをアイデアとして出し合い，学びあう姿が見られる。「こっちを広くするよ～」「もっと深くしてみようか」「水を持ってくるね」等，皆で協力してダイナミックな遊びが展開されるようになる。

2）植物を使った遊び

　園内に咲いている花を自由に摘める場合は，花びらや葉っぱを使って，ごっこ遊びのごちそうにしたり，色水遊びをする姿が見られる。自然に生えていたり，お散歩で見つけた草花も，子どもにとって遊びの材料となる。タンポポ，シロツメクサ，アカツメクサ等を編んで，首飾りにしたり，箱にいろいろな草や花を詰め合わせにして「お弁当」を作ったりする。また，紙に張り付けて「標本」のようにしたり，様々な形に並べて作品作りもできる。子どもの興味に応じて，図鑑で名前を調べるのもよい。

（4）身近な動物との関わり

　保育内容「環境」の（5）には，「身近な動植物に親しみをもって接し，生命の尊さに気付き，いたわったり，大切にしたりする[8]」と記されている。また，「内容の取扱い」には，「身近な事象や動植物に対する感動を伝え合い，共感し合うことなどを通して自分から関わろうとする意欲を育てるとともに，様々な関わり方を通してそれらに対する親しみや畏敬の念，生命を大切にする気持ち，公共心，探究心などが養われるようにすること[9]」となっている。

8）文部科学省『幼稚園教育要領』〔第2章環境 2(5)〕，2017.
　　厚生労働省『保育所保育指針』〔第2章 3(2) ウ(イ) ⑤〕，2017.
　　内閣府等『幼保連携型認定こども園教育・保育要領』〔第2章 第3 環境2(5)〕，2017.

9）文部科学省『幼稚園教育要領』〔第2章環境 3(3)〕，2017.
　　厚生労働省『保育所保育指針』〔第2章 3(2) ウ(ウ) ③〕，2017.
　　内閣府等『幼保連携型認定こども園教育・保育要領』〔第2章 第3 環境3(3)〕，2017.

　このように，動物を飼育し，自分から抱いたり触ったり世話をすることによって，動物をいたわったり，生命を大切にしようとする気持ちが育まれる。また，保育者や友だちと感動を伝え合い，共感し合うことを通して，自分から関わろうとする気持ちが生まれる。

1）年間計画と動物の飼育

　動物の飼育は，年間計画の中に組み入れ，日常的に触れる機会をもたせるようにしたい。保育者や年長児が世話をする姿に接することを通して，次第に身近な生きものに親しめるようになる。入園したばかりの3歳児は，他の子どもたちとうまく関われないことも多い。そんな場合には，動物との関わりを通して自分の居場所をみつけて，それをきっかけに安心して園生活に溶け込んでいくこともある。保育者は，子どもそれぞれの興味や動物と関わろうとする気持ちを大切にしたい。

① 保育の場で飼育しやすい動物
　　ウサギ，ニワトリ，ハムスター，カメ，金魚，熱帯魚等。
② 子どもが捕まえたがったり，興味をもちやすい小動物（昆虫）
　　カブトムシ・クワガタムシ等の甲虫，バッタ，トンボ，セミ，チョウ，
　　アリ，ダンゴムシ，カタツムリ，ザリガニ，カエル（オタマジャクシ）等。

2）小動物との関わり

　園内や公園，道端等で見つけた昆虫等，小さな生きものとの関わりも大切である。子どもはその姿や形，動き等の面白さや生命の不思議さを感じ，好奇心や探究心が培われる。子どもの興味や関心に応じて飼育方法を調べ，できる範囲で飼育するのもよい。弱ってきたり，子どもが飽きてきたら自然に返してやる等，適切な対応が大切である。また，子どもの興味が高まるように，図鑑や関連する絵本等も用意したい。

　なお，昆虫等の小動物への興味のもち方は，子どもによって多様である。例えばダンゴムシを見つけても「捕まえる」，「興味をもって見る」，「あまり関心がない」，「気持ち悪い」等，様々な反応が見られる。そのため，保育者は子どもの発見に共感し，生命の不思議さや面白さを押しつけることなく，子どもと共有するようにしたい。自然体験の面白さや楽しさは，友だちや保育者と共感し確かめ合うことで深い体験や学びにつながる。

3）命の大切さを学ぶ

　生きものを飼うと，時には病気や死に向き合うこともある。昆虫やザリガニ

コラム　　子どもの目線

　いうまでもないことですが，子どもの身長は大人よりずっと低く，満 4 歳で 100 cm 前後です。言い換えると子どもは大人より地面の近くで生きています。そのため地面にいるアリ等の昆虫や，草花が大人よりずっと近くに見えていることを理解する必要があります。

　例えば，子どもの頃過ごした園舎や園庭を，大人になって改めて見ると，ずっと小さくなったように感じることを，多くの人が体験しているのではないでしょうか？　子どもにとって周りの物は大人よりはるかに大きく見えているのです。よくいわれることですが，改めて「子どもの目線で」見て，感じることが大切です。

の飼育では「共食い」等の怖い体験をすることもある。こうして子どもたちは様々な関わりを通して，楽しいこと，うれしいこと，悲しいことを体験し，豊かな心が育っていく。一方，子どもは小さな生きものに対し，物として扱うことがある。例えば，2 歳児頃では動き回るアリを見つけては，手や物で叩き潰している子どももいる。このような場合は，保育者は小さな生きものにも命があり，一生懸命生きているということを繰り返し伝えることが大切である。

4）動物園等の活用

写真 4 － 6　インコにさわる

　子どもの動物と関わる活動として，動物園の見学や，触れ合い動物園，移動動物園等がある。触れ合い動物園は，ウサギ，ハムスター，ヤギ，ヒツジ，ポニー等，子どもが直接に動物を抱いたり，触ったり，餌をやったりすることができる施設で，専門の係員やボランティアが，抱き方や餌のやり方等を指導してくれる。また，移動動物園は，保育の場に動物（基本的に触れ合い動物園と同じ）を連れてきて子どもと触れ合うことを目的としている。動物との触れ合い体験は，年間計画として取り入れるのも方法の一つである。

事例 4 － 9　移動動物園　3 歳児 2 月

　園に移動動物園がやってきた。ウサギ，モルモット，ハリネズミ，インコ，ペリカン，ヘビ，イグアナ，そしてニワトリ等，どれも近くで見るのは初めてで，初めはおっかなびっくりで少し離れて見ている。だんだん慣れてきた時，突然ニワトリが大きな鳴き声で，「コケコッコー!!」。子どもたちは，「ワーッ！」，「びっくりしたー！」と驚いていた。やがて慣れてくると，触ったり，抱いたりしはじめる。

　子どもたちは絵本や紙芝居の読み聞かせの中では知っていたが,「ニワトリって本当に『コケコッコー』って鳴くんだね！」と驚いた様子であった。保育者も直接体験の大切さを改めて感じた。

（5）植物の栽培

　野菜や草花等の栽培活動は,「芽が出る」,「葉が開く」,「花が咲く」,「実がなる」といった植物の不思議さにふれ, 植物を身近に感じることができる。また, 当番を決めて水やりをする等, 自ら関わることによって興味と意欲がわき, 楽しさも膨らむ。栽培計画では, 子どもにとって日頃から食べていてなじみ深く, 育てやすい作物や, 大きさや形, 育ち方が面白いものを選びたい。草花は, 大人の目から見て美しいものだけではなく, 子どもにとって親しみやすく興味をもって楽しめるものがよい。

１）年間計画と植物栽培

　年間の計画として, 3歳児頃から, 育てやすいものを選んで少しずつ栽培を始め, 5歳児に至るまでの活動の連続性を考えて, 年間計画に組み入れるようにしたい。また, 当初の計画以外に, 子どもの興味や関心や状況に応じて, 新たな活動を入れる等, 柔軟な対応が必要である。

　植物の栽培は, 慣れないうちは病気で枯れたり, 害虫が発生する等, うまくいかないこともある。失敗を恐れず, 子どもと相談しながら繰り返し取り組むことが大切である。

① 子どもが親しみやすく, 楽しめる花

　　チューリップ, ヒヤシンス（事例4－10）, クロッカス, ヒマワリ, コスモス, アサガオ等。

② 子どもにとってなじみ深く, 育てやすい作物

　　トマト, キュウリ, ナス, ピーマン, ジャガイモ, サツマイモ, ダイコン, ハツカダイコン等。

③ 大きさや色・形, 成長の様子が面白い作物

　　カボチャ, オモチャカボチャ, スイカ, ヘチマ, ヒョウタン, アスパラガス等。

事例4－10　ヒヤシンスの水栽培　5歳児 12月

　12月のある日の朝,「おぉー！」,「すっごーい！」と, 大きな歓声があがる。それは, 11月下旬に水栽培を始めたヒヤシンスの球根。容器の中に白くて細長い根が何本も生えている。始めた時は,「タマネギみたい」,「けっこうかたいね」と不思議そうにしていた子どもたち。花が咲くまで約3か月, 毎日, その生長を楽しんでいた。

タマネギのような球根が，根を伸ばし，葉を伸ばし，その姿を変えて見事な花を咲かせることに驚きと感動がある。ヒヤシンスは花の不思議さ，観察の楽しさとしてよい教材である。

2）植物から学ぶこと

植物は日々成長し，変化する。例えば，キュウリの花は雄花と雌花があり雌花の下には小さなキュウリがあって日々大きくなり，朝と夕方では見てわかるほど長さが違っている（事例4－11）。このような植物の成長の様子は，子どもにとって面白く楽しく驚きに満ちている。しかし，その面白さに，気付く子どもがいれば，気付かない子どももいる。もし気付いた子どもがいれば皆で共有し，観察したい。もし気付かないようであれば，保育者は子どもの関心が向くように援助したい。これも押し付けるのではなく，興味や関心が向くきっかけを作ることが大切である。

植物は動物と違って，見ているそばで動くわけではない。子どもはせっかく植えた野菜や花のことを忘れて，別の遊びに夢中になっているかもしれない。そんなときは保育者が「○○の花が咲いたよ」，「キュウリが大きくなってるよ」，「トマトが赤くなりそうだよ」といった言葉を掛けることも必要である。

キュウリの雌花

事例4－11　キュウリの雄花と雌花　5歳児 5月

5月の終わり頃，4月に5歳児が園庭の隅に植えたキュウリの花が咲き出した。雌花の元には小さなキュウリが付いている。しかし子どもたちは気付かない。そこで，保育者が，「お花にキュウリの赤ちゃんが付いてるよ」と教えたところ，みんなで注目しはじめる。送り迎えの保護者も一緒になって，大きくなる様子を毎日見ている。降園時には「朝より大きくなってる！」という声もあがった。

ナス・キュウリ・トマト等の作物は，その生長の様子が面白い。保育者は子ども自身の発見に任せるだけではなく，適切に教えることも大切である。

（6）自然を通した対話的学び

自然を通した学びは，子どもが身近な自然に興味や関心をもち，自分から関ろうとする主体的な態度から生まれる。主体的に取り組むことで，間違いや失敗に気付き，試行錯誤や反省を繰り返しながら活動が進んで行く。その過程の中で，自己や自然との対話があり，他の子どもや大人との対話がある。そこから，子ども自身の体験から生まれる深い学びと，物事に粘り強く取り組む態度や意欲が育まれる。

1）体験から知識と技能へ

保育者は，このような子どもの興味や関心に目を向け，子どもの発達過程を考えながら，次の活動へと展開できるような援助することが望まれる。

教育要領，保育指針，教育・保育要領の「育みたい資質・能力」として，「豊かな体験を通じて，感じたり，気付いたり，分かったり，できるようになったりする『知識及び技能の基礎』[10]」があげられている。

また，教育要領及び教育・保育要領において指導計画作成上の留意事項として，以下のように示されている。

> 「幼児（園児）が様々な人やものとの関わりを通して，多様な体験をし，心身の調和のとれた発達を促すようにしていくこと。その際，幼児（園児）の発達に即して主体的・対話的で深い学びが実現するようにするとともに，心を動かされる体験が次の活動を生み出すことを考慮し，一つ一つの体験が相互に結び付き，幼稚園（幼保連携型認定こども園の）生活が充実するようにすること [11]」

2）小学校へのつながり

子どもが主体的に自然と対話し，感動する体験は，自然や生命に対する愛情や親しみ，また畏敬の念を育てる。さらにそれが，好奇心や探究心，科学的な見方や考え方の芽生えを培う基礎となり，小学校の生活科や総合的な学習，理科・社会での学びへとつながっていく。

「生命の尊さ」を学ぶことは，「道徳」という観点からも大切であり，小学校教育にもつながっていく。小学校学習指導要領の「特別の教科 道徳」では，「主として生命や自然，崇高なものとの関わりに関すること」として「生命の尊さ」と「自然愛護」について記述されている [12]。

このように，乳幼児期における自然体験は，学校教育の始まりとして，科学的な見方や考え方の基礎となるとともに，道徳性を養う基礎として位置づけられる。

10）文部科学省『幼稚園教育要領』〔第1章 第2 1(1)〕，2017.

厚生労働省『保育所保育指針』〔第1章 4 (1) ア（ア）〕2017.

内閣府等『幼保連携型認定こども園教育・保育要領』〔第1章 第1 3(1) ア〕，2017.

11）文部科学省『幼稚園教育要領』〔第1章 第4 3(2)〕，2017.

内閣府『幼保連携型認定こども園教育・保育要領』〔第1章 第2 2(3) ウ〕，2017.

12）文部科学省『小学校学習指導要領』（第3章 第2 D），2017.

●演習課題

課題1：自然を取り入れた園庭の環境について具体的に書き出してみよう。

課題2：学校（各養成校）の周辺の自然環境を調べ，「お散歩マップ」を作り，実際に散歩してみよう。

課題3：子どもに体験させたい自然と季節ごとの遊び・活動・生活について話し合ってみよう。

コラム　栽培活動の効果

　幼児期において，日々の食生活でなじみの深い野菜の栽培は幼児にとって貴重な体験になると思われます。領域「健康」には，「食育の推進」に関して，「様々な食べ物への興味や関心をもったりするなどし，食の大切さに気付き，進んで食べようとする気持ちが育つようにすること*」と記されています。

　実際に自分で育てるという体験によって，苦手だった野菜でも「どんな味がするのか？」，「食べてみよう」という気持ちがわき，食べることができるようになった例が多いです。

　また，保護者へのアンケートからも，「苦手な野菜が食べられるようになった」，「喜んで食べるようになった」，「以前より野菜をたくさん食べるようになった」という回答が多く，食育面でも効果が大きいことがわかります。また，「食事の支度や片付け等の手伝いをするようになった」という声も多数あり，食に関する興味や，食に関わる人への感謝の気持ちが芽生えたことがうかがわれます。保護者が，登園時や降園時に子どもと一緒に野菜の生長を確かめている様子も見られ，親子のコミュニケーションを高める意味もあったようです。

＊文部科学省『幼稚園教育要領』〔第2章　健康 3(4)〕，2017.

第5章 社会環境と保育

　本章では，社会環境を子どもや保育者（幼稚園教諭，保育士，保育教諭をいう）にとって避けて通れない存在としてとらえ，1節で具体的に社会環境を情報化，及び家庭，地域，保育の場（幼稚園，保育所，認定こども園をいう）という三者の関係性から地域の問題として考える。

　2節では，社会環境として地域社会，諸外国の異なる文化や地球環境，現代的社会環境を取り上げ，実際の保育の場における事例をもとに現在の子どもを取り巻く社会環境と保育実践について考えていく。

1 社会環境とは

　本章では，社会環境について考察していく。では，その「社会環境」をどのように考えていけばよいのだろうか。本章では，社会環境とは何か，という問いについて，「避けて通れない」，「無視できない」ものとして存在しているという視点から考えいきたい。

　私たちは，社会の中で生活している。したがって，社会をどのようにとらえるかによって，私たちの社会との関わりも変化していく。

　例えば，社会環境は自然環境との対立概念としてとらえることがある。のどかな田園風景は，自然の姿を感じさせる。しかし，いうまでもなく，田や畑は人為的なものであり，のどかな風景の背後には，農作業に従事する多くの人の人為的な努力が存在している。

　こうなると自然環境と社会環境の識別は難しくなってくる。具体的な例として富士山について考えてみる。富士山から人々は何を感じるか。雄大で美しい自然の姿を感じる人も多いと思う。しかし，富士山と聞いて，観光的な面を意識する人もいるであろう。また，登山規制の問題，ごみの問題を連想する人もいる。いうまでもなく，富士山には山小屋や売店もあるし，五合目までは車で

上れる。また，観光バスも入る。富士山は，その自然美においても偉大な存在であるが，人為的な問題を最も抱えている山といっても過言ではない。

2013（平成25）年に富士山は，「信仰の対象と芸術の源泉」として世界文化遺産に登録された。いわゆる世界遺産である。世界遺産には，「文化遺産」，「自然遺産」，「複合遺産」の区分けがある。この中で富士山が「自然遺産」ではなく，「文化遺産」として登録されていることに違和感を感じた人もいると思われる。

つまりは，自然環境と社会環境の明確な区別は非常に難しいということであり，その問われている内容により，問題意識が変わるということである。

このことは，逆をいうと，社会環境という視点は子どもや保育者にとって「避けて通れないもの」であり，「無視できないもの」として存在していることを意味する*1。

環境とは，そもそも私たちの生活を規定するものである。

例えば，絵本が好きな子どもは，家庭に絵本が満ちあふれているからこそ，絵本が好きになったのかもしれない。これと同じく，保育の場において教材として絵本が豊富にあり，絵本を自由に手に取ることができるならば，子どもたちは絵本が好きになることがありうる。

また，不幸にして虐待を受けている子どもの場合，社会環境としての家庭，そして人間関係も難解なものとなり，保育者もその対応を迫られるであろう。

また，社会環境の中には文化全体を含むものもある。

例えば，私たちは，普段，仕事や学校に行く際に洋服を着ている。これは，誰かに強要されているわけではない。着物は不便という認識もあるかもしれないが，便利か不便という問題の以前に着物は社会通念として選択されない。

これを少しゆるく考えると，流行というものも含まれる。2016（平成28）年の「新語・流行語大賞」トップ10には，「ポケモンGO*2」が選出されている。ポケモンGOは流行し，子どもだけではなく大人も夢中になっている。2017年（平成29）3月には，トラック運転手が運転中にポケモンGOに夢中になり，児童をはねて死亡事故に至る悲劇まで起こしている。保護者が子どもに携帯電話（スマートフォン）を与えないという主義を貫く場合，そのことで子どもがみんなの夢中になる遊びに参加できないという事態が起こる可能性もある。この場合，流行というものも，社会環境の重要な要因の一つとして避けられないものと考えることができる。

また，流行とは別に「うわさ」も社会環境の重要な要因の一つになりうる。2016（平成28）年の熊本地震では，ネットを中心として，無責任なうわさが流布されたことが知られている*3。

*1　問題意識という視点のもち方によって，富士山が文化遺産になったり自然遺産になったりする。より具体的には，保育者は子どもたちとともに，富士山の美しさに賛嘆しつつ，ごみ問題等も考えなくてはならない。もちろん，富士山は一つの例であり，環境としての事象について常に，このような視点をもち続けなくてはならない。

*2　ポケモンGO
　プレイヤーがスマートフォンを手にGPS機能を活用し，現実を舞台に歩き回り，リアルな空間の中に現れるポケットモンスター（ポケモン）を収集できるというゲーム。

*3　新聞報道等によると，震災直後にツイッターに「地震のせいでうちの近くの動物園からライオンが逃げた」等とうその内容を投稿した男性が，2016年（平成28）7月に，偽情報を意図的に流布したとして，偽計業務妨害容疑で逮捕されている。

この問題では，情報の取り扱いの重要さも含まれるが，うわさというものの
こわさを強く意識させられる事例となっている。子どもや保育者は，このよう
な社会環境を避けることができない，と上述したが，この事例では，もはや，
子ども，保育の次元ではなくすべての人にとって，命に関わる問題であり，避
けることは難しいといえる。

（1）情報化

1）ソーシャル・ネットワーキング・サービス*4 という情報化の
システム

前記で，子どもや保育者が避けられない，重要な要因としてのうわさについ
て熊本地震におけるライオンが逃げた，という事例を紹介した。

前述のとおり，大型震災という非常に厳しい社会環境の元において，悪質な
うわさ，いわゆるデマの流布は，人々の生活の根源に関わるものであり，保育
者だけでなく，すべての人にとって困った問題といえよう。そして，この問題
の背景として，ソーシャル・ネットワーキング・サービス（social networking
service，以下 SNS）の存在があげられる。ツイッター*5 やライン*6 等の出現
により，人為的なうわさはより広がりの速度をあげたといえる。

これは，負の面であるが，SNS の効果的な利用というものはすでに始まっ
ており，これまでには考えられないような有効な利用も出現している。

例えば，熊本地震においてこれまでになかった有効な活用も報告されてい
る。

　　熊本地震で山から転げ落ちて山道をふさぎ，住民を悩ませていた巨石が
　1 日，熊本県御船町の現場で爆破された。インターネットオークションで
　出品され話題を呼んでいたこの巨石の落札額は 2400 円だったが，爆破し
　運び出す費用は 100 万円であり，それも落札者が負担する。それでも落札
　者は「困った人を助けられるなら」と話す[1]。

山道をふさいだ大きな岩をオークションにかけるという発想はこれまでの震
災対策として前例がなかった。また，この話には，さらに追加事項があり，爆
破によってこなごなになった岩をさらにオークションに出品し，その収入を震
災対策として役立てるということである。

これなどは，匿名の有志が実際にオークションの落札という行為によって社
会に貢献できるシステムであり，新しいサポートのシステムといえる。

また，情報化は，震災のような突発的な有事だけでなく，日常生活の面でも

*4　ソーシャル・ネッ
トワーキング・サ
ービス
　ネット上でつながり
合うことができる情報
サービス。電子メー
ル，ライン，ツイッタ
ー等がある。

*5　ツイッター
　アメリカの企業がは
じめた情報サービス。
140 文字以内（日本語
の場合）でメッセージ
等を投稿できる。

*6　ライン
　LINE 株式会社が運
営する情報サービス。
このサービスを保有し
ている者同士が，複数
通話やおしゃべりが可
能となる。

1）朝日新聞，2017 年
5 月 2 日.

有効に使われている。例えば，保育に関しては以下の例もある。

　　　無料通信アプリ「LINE（ライン）」を使い，電車で座りたいという妊婦
　　と，譲りたい乗客をつなげる。12月，東京メトロ銀座線でこんな実験が
　　催される。会社員らの有志グループの発案。課題を検証し，実用化の可能
　　性を探る [2]。

2）朝日新聞，2017年11月30日.

　つまり，まず「席を譲ってもよい」と考えている人が，あらかじめ「LINE」で「＆HAND」というアカウントを「友だち登録」して「サポーター」になる。電車に乗った妊婦が，専用の機器を使い，「座りたい」という信号を発すると，サポーターのラインに「妊婦さんが近くにいます」というメッセージが届く。実際に席を譲れる場合，ラインで自分の位置を入力するとその場所が妊婦に通知される。席を替わる際に顔を合わせるが，アカウント等の個人情報は伝わらないという。なお，ラインに登録することで誰でもサポーターとして参加できる。

　前記の事例は，SNSという情報化のシステムが社会環境として，有効に活用されている事例であるといえる。しかし，これとは真逆の事例もありうる。

　2014（平成26）年3月に，インターネットや電子メールを通じてベビーシッターを頼んだ女性が，そのベビーシッターと称する男性の不注意により預けた子どもが死亡する事件が起きた。この男性は，保育士を自称していたが，実際には保育士の資格をもっておらず，保護責任者遺棄致死罪で起訴されるに至った。

　子どもを預けた保護者としてはぎりぎりの選択ではあったと思われるが，不適切な情報によって犯罪に巻きこまれた事例である。

　インターネット，電子メール，ライン，ツイッター等，情報化の進展は激しい。また，情報の中味そのものの真偽判定の難しさという問題もある。情報化の進展に私たちが対応できていないという問題も生じる。以下の項で，保育における具体的な情報化の問題を検討していく。

２）保育現場における情報化−ゲーム，ビデオ，室内遊びへの移行等−

　ここでは，子どもにとっての社会環境という面では，パソコン，DVD，ビデオ，携帯電話（スマートフォン），ゲーム等について考えてみる。

　前述のように情報化は現在の私たちにとっても必要不可欠な存在となりつつある。高橋が指摘しているように，携帯電話を家に忘れて外出した際には，何か外部から重要な連絡が入っているのではないか，こちらからも連絡が取れない等の問題が生じてくる [3]。各方面の電話番号等の連絡先も，私たちは紙ベー

3）神田伸生編著『子どもの生活・環境・遊びに向き合う』萌文書林，2013，p.151.

スに残すというよりも，携帯電話に入力し，便利に利用している。ただ，そのことによって，携帯電話を忘れる，もしくは紛失するようなことになれば，便利さの反動として大変に不自由な状況を作り出すことになる。

　子ども用の携帯電話もあり，子どもが持つことで，保護者にとっては，連絡も簡単になり，位置情報も確認できるので安全面でも有効な面がある。ただ，その反動は上記と同じで忘れる，紛失の際には，不便さと不安が生じてくる。

　また，若い人を中心として，「リア充*7」という言葉があるが，情報化社会が拡大することで，ネット社会で起きていることと，現実の世界との区別がつかなくなったり，現実と仮想の世界がひっくりかえったりすることもありうる。

　カブトムシやオニヤンマを知らない子どもに，パソコンを使えば簡単に写真，動画等で示すことができる。また，ある幼稚園のお泊まり保育では，夕食後，大画面でカブトムシ，オニヤンマのビデオ上映会を行っていた。これらは，便利な利用法だといえる。ただ，カブトムシやオニヤンマを動画で見て，それで終わりでいいのか，という問題も生じてくる。現在，都市に人口が過度に集中し，街はビル街となり，空き地が失われ子どもたちの遊び場が失われつつある。このような都市化により雑木林等も減少しているが，夜，近くの雑木林に行って，木の幹に蜂蜜等を塗って，翌早朝に様子を見に行き，そこでカブトムシを捕まえて，手に取り，さわって，さらにそれを飼ってみる。そういった一連の行為こそが子どもの興味や関心を増す，ということにつながる。

　DVDはいつでも好きなときに好きな映画等を観ることができる。ただ，みなさんは，映画通の友だちから，「映画館でみなくては，映画の本当のよさはわからないよ」等と言われたことはないだろうか。

　サッカーのワールドカップ開催中，日本の各地で大画面によるサッカー中継が行われ，大いに盛り上がった。しかし，当然ではあるが，実際に試合場で応援していた興奮には及ばないだろう。

　ネットの普及は，地域社会の教育力の低下を補う一面もある。保護者が，ネット上の子育てサークル等を利用することにより育児不安や子育ての孤立化を軽減することができる。

　このようなネット上の関係性で救われている保護者も存在する。ただ，ネット情報は玉石混淆であるから，ネット上の情報で混乱する保護者も存在する。

　受け身として，情報化社会の波を一方的に受けてしまうと，流されてしまうことになる。ネット情報の扱いに注意が必要である。

（2）社会環境を構成する要因と地域の関係性

　2017（平成29）年改訂（定）の幼稚園教育要領（以下，教育要領）等では，領

*7　リア充

　ネット内の世界を仮想現実と称することに対し，実際の現実世界の生活が充実していること。

4）文部科学省『幼稚園教育要領』〔第2章 環境 2(6)〕, 2017.

厚生労働省『保育所保育指針』〔第2章 3 (2) ウ（イ）⑥〕, 2017.

内閣府等『幼保連携型認定こども園教育・保育要領』〔第2章 第3 環境 2(6)〕, 2017.

域「環境」において，内容に「日常生活の中で，我が国や地域社会における様々な文化や伝統に親しむ[4]」という項目が加わった。キーワードとしての「地域社会の存在」を中心に環境の要因を考察していく。

まず，子どもにとっての社会環境を，家庭，地域，保育の場という三者を中心に考えていく。

まず，家庭について考えてみる。

子どもにとって，家庭が第一義的な社会環境であることはいうまでもない。そして社会の変容に連動して，家庭の位置づけは変化する。

その変化は，子どもたちにとっても大きな変化となる。例えば，ままごと遊びの中で，母親役の子どもの姿は，少し前まではまな板に包丁でトントントンという姿であったが，筆者は，ままごと遊びの際に，母親役の子どもが電子レンジの音をまねて，チーンといいながら，「はい，ご飯ですよ」という子どもの姿を見たことがある。今後は，お母さん役の子がスマートフォンをいじっている姿が見受けられるかもしれない。さらに，保育の場においては国際化も進んでいる。日本以外の国籍や異文化を背景にもつ子どもも増えており，保育の場はいっそうの変化が生じるであろう。

さて，このような個々の変化を全体としてとらえるとどのようなことがいえるかを考えてみる。小川は，この変化を「消費機能」という言葉で説明している。以下に具体例を用いて，この言葉の意味を探っていく[5]。

5）中沢和子・小川博久編著『保育内容 環境 第2版』建帛社, 1999.

まず，ここでは「消費」という言葉を「お金を使って物を買う」という行為と考える。

上述のままごとの例を用いると，夕食を作るという家庭の機能を，お店で売っている総菜をお金を出して買う。

これと同じことは，他の家庭の機能についてもいえる。例えば教育である。家で保護者が勉強を教える，という代わりに塾でプロに勉強を教わる。これは，塾にお金を出して，勉強を教えてもらう，という行為を買っているということになる。

お金を出して総菜を買うことで，プロが作ったおいしい食事をすることができる。お金を出して教育の機能を買うことで，プロの塾の講師から勉強を教わり，子どもの成績を上げることができる。

このような行為を「消費機能」という。

これは，本来，家庭がもっている機能を消費活動によって，外部に委託するわけであるから，その分だけ家庭の機能は弱くなる。もちろん，このような背景には保護者の就労時間の長さ，女性の社会進出等があり，これも社会環境の変化といえる。

次に地域の役割であるが，地域のつながりは強くなっているであろうか。

　急速に都市化が進み，地縁，血縁という地域共同体としての機能もまた，急速に失われつつある。前述にラインで妊婦に席を譲る利用を SNS の上手な活用として紹介したが，本来はラインに頼らずとも自然になしうる行為であるという考えもある。また地域の元は家庭であるから，家庭の変容は地域の変容につながる。核家族の出現とその広まり，男女共同参画社会の拡充は，父親，母親が仕事をもち，地域社会へ貢献する時間が制約を受けることになる。また，シャッター商店街ということばに象徴されるように，近所の古くからある，魚屋さん，八百屋さんは徐々に姿を消し始め，大型スーパーに変わりつつある。それによって，近所の商店街を通ると，魚屋や八百屋，もしくは電機屋のおじさん，おばさんが，子どもたちに，「よぉ，きょうは，帰りが早いなぁ。学校で何かあったのかい？」と尋ねるような場面も減ってきた。

　このような中，地域で子どもを見守り，育てるという意識も大きく変化し，地域で子どもを育てていく力も弱くなりつつある。

　この項の冒頭で，社会環境を，家庭，地域，保育の場という3つからみていくと記述したが，この3つの存在のうち，家庭，地域の力が弱くなると，その結果として，保育の場の役割は相対的に大きくなるというのが現状である。これは，子育ての役割分担としてはバランスを欠くことになる。そのためにも家庭や地域の役割が増すことが求められている。

（3）保育の場に求められていること

　この章の冒頭，社会環境を「避けて通れない」，「無視できない」存在と指摘した。このことを前提に保育の場に求められていることを考えてみたい。

　社会環境は前述のとおり，生活を規定するものであり，その中には流行，うわさ等，流動的なものも含まれる。また，大きな流れとしての社会環境としての家庭，地域，保育の場等とのバランスの問題にも変化が生じている。さらには，より大きな社会環境の変化として国際化，地球環境の問題も生じている。保育の場はこのような社会環境の変化に常に直面している。それゆえ，保育の場において，保育者はこのような社会環境の変化に柔軟に対応することが求められている。

2 社会環境と保育実践

　本節では，現在の子どもを取り巻く社会環境の諸問題を踏まえ，保育実践においてはどのような活動や実践が行われているのか，以下の4点の社会環境の側面〔(1) 地域社会，(2) 異なる文化，国際理解，(3) 地球環境，(4) 現代的社会環

境〕に焦点をあて，具体的事例をみていきたい。

（1）地域社会とのつながりと保育実践

　子どもを取り巻く社会環境の変化に伴い，教育要領，保育所保育指針（以下，保育指針），幼保連携型認定こども園教育・保育要領（以下，教育・保育要領）の改訂（定）において，保育の場はより一層地域の中で関係機関との連携や協同を図り，開かれた施設としての役割を求めている。そのため，保育実践においても，保育の場の内外で様々な人々との関わりや施設，行事等に出向く機会を設けられるとよいだろう。その際，保育者は，保育の場周辺にどのような地域資源（施設や人材）があるのか把握し，その中から現在の子どもの生活や遊びにおいて身近な施設（公園，商店街，消防署，警察署，郵便局，高齢者福祉施設，図書館，児童館等）を選択し，発達過程に即した活動を計画することが望ましい。子どもにとって，保育の場を一歩出て外の世界に出かけることは，魅力的な環境や人との出会いが待っているのである。

1）高齢者福祉施設との交流

　高齢化の流れ*8を受け，保育の場周辺にも高齢者福祉施設が多く存在し，保育の場と併設されている施設もあり，身近な環境となっている。相互の施設交流は，子どもが施設に足を運ぶ場合が多いが，「敬老の日」や「生活発表会」等の行事では，保育の場に高齢者を招待する場合もあり，相互での交流が行われている。

*8　高齢化
　人口全体の中で高齢者（一般的には65歳以上）の割合が高まっていくことを指す。2016（平成28）年10月1日時点の日本では，総人口が減少する一方，高齢者の数は増加し，総人口に占める割合（高齢化率）は，27.3％となり高齢化が進んでいる。
　内閣府『平成29年版高齢社会白書（全体版）』，2017.

事例5－1　お正月遊びの会　4・5歳児 1月

　毎月1回，定期的に高齢者福祉施設へ訪問を重ねている4・5歳児。

　当初の訪問では，子どもも高齢者もどのように接してよいかわからず，おばあさんの前で固まって戸惑っている姿もみられた。しかし，訪問を重ねるうちに，施設に到着すると「○○おばあちゃーん，今日も遊びに来たよ！」と元気におばあさんのもとへ駆け寄り，「今日はお土産もって来たよ」と子どもから積極的に話しかける姿が見られるようになった。

　交流を重ねた1月には，高齢者と一緒に日本のお正月遊びを楽しむというねらいで，5歳児は手作りの福笑い，4歳児は手作りコマ，その他日本の伝統的な玩具（羽子板，かるた，お手玉，けん玉等）を持参した。高齢者は，懐かしい玩具を前に「こうやって紐を巻くと上手に回せるよ」，「昔はお手玉，4つできたけど，今はどうかしら」と，子どもに遊び方を教えながら楽しんでいる姿が見られた。またコマ回しの上手なおじいさんに「○○おじいちゃんすごい，コマ回し名人だね！」とそれぞれの遊びで，世代を超えた関わりが見られた。園に戻る時間になっても，子どもからは「えーもう帰る時間，もっと遊びたかった」と名残惜しい様子が見られた。

　施設訪問当初は，子どもたちは，車椅子に乗っている方や体の不自由な方を前に，緊張した面持ちで保育者の手を離さない，話しかけられても返答できない等，様々な反応を示していた。しかし，高齢者の方々と時間を共有し，活動をともにする中で，少しずつ緊張がほぐれ，関わりを深めていった。高齢者との関わりは，子どもにとっては，目上の方との関わり方や文化の伝承等を経験でき，高齢者にとっては，世代を超えて様々な刺激を受けるよい機会となっている。

2）おもちつきでの地域の人々との交流

　保育の場では，年間を通じて季節の移り変わりや節目に応じて，様々な行事や祭事が行われている。園行事は，子どもにとって季節の移ろいを感じる，伝統文化に触れる，地域の人々との交流等を経験する機会となり，保護者や地域の人々にとっても生活に潤いや変化をもたらすものである。現在は，小規模保育，家庭的保育等，多様な保育形態が存在するが，保育の場の規模や都合で保育の場独自に行事を行うことが困難な場合がある。このような事情を踏まえ，行事を実施する保育の場は，周辺の小規模施設に行事の告知をし，共に参加できる機会を設け，周辺の保育施設同士の交流を図る場合もある。

事例5−2　お相撲さんとおもちつき　12月

　以前の日本では，師走に町会や近隣の家庭でおもちつきをする姿がみられたが，最近ではそのような光景を目にすることが少なくなった。そこで，保育の場がその役割を担い，保育の場を開放しておもちつきを行っている。日本古来の文化を次世代に伝承し，日頃保育の場に足を運ぶことが少ない近隣の方や卒園生が参加し，様々な世代の人々との交流を図る場となっている。

　おもちつきは，年に一度の盛大な行事となり，保育者は事前に地域や協力いただける関係機関の方々と綿密な打ち合わせを行っている。保育の場の近隣に相撲部屋があり，毎年力士の方にお手伝いいただき，おもちつき終了後にはちびっこ相撲が開催される。子どもたちは，「今年もお相撲さん来てくれるかな」と心待ちにしている。

　また町会の方々や保護者には，当日の交通整理，杵，臼の貸し出し，テント設営，調理等で協力いただいている。保護者の中には，この地域に引っ越してきたばかりの家庭や近隣住民との関わりが少ない家庭もあるが，行事を通して地域の方と顔見知りになり，情報交換を行う等，その後の生活の広がりをもたらす機会になっている。

　地域を含めた行事は，子どもや地域の人々にとって非常に楽しい活動であるが，行事実施までは綿密な打ち合わせと準備，関係機関との連携が重要になる。そのために，保育者は地域社会においてどのような人的・物的資源が活用できるかを把握し，そのための調整や協力要請をする力も必要になるのである。

（2）異なる文化，国際理解に対する保育実践

国際化社会が進む中，保育の場においても外国籍の保護者や子ども，国外で生まれ育った子ども等，多様な文化的背景をもった子どもを受け入れる機会が増えている。この動向は保育の場や保育者にとって，園内の体制づくりや多文化理解，子育てに必要な関係機関との連携への対応が迫られることもあるが，子どもにとっては日本以外の様々な国や地域の文化や風習，言語に触れ，世界を広げるきっかけとなっている。教育要領，保育指針，教育・保育要領において，領域「環境」の中で「異なる文化に触れる活動に親しんだり…」や「国際理解の意識の芽生え」について示され，保育実践において異文化の経験や環境が重視されている[6]。

6) 文部科学省『幼稚園教育要領』〔第2章 環境 3(4)〕2017.
厚生労働省『保育所保育指針』〔第2章 3(2) ウ（ウ）④〕2017.
内閣府等『幼保連携型認定こども園教育・保育要領』〔第2章 第3 環境 3(4)〕2017.

1）外国の食文化に触れる

国際化の流れは，現代の日本の文化や風習にも大きな影響を与えている。その中でも食文化は，子どもにとって外国の文化を身近に体験でき，食べ物を通じて，その国の豊かな文化や風習を知るよい機会となるだろう。

事例5－3　本格インドカレー　4歳児クラス 5月

父親の転勤により日本に引っ越し，幼稚園に入園してきたA児（女）。両親ともにインド人で，アメリカで生まれ，来日前はアメリカの保育施設に通っていた。

5月，初めてクラスの皆とお弁当を食べる時間。「いただきます」をした後，A児の隣に座っていたB児（女）が「先生，大変！Aちゃんがお弁当を手で食べている」と担任のところに飛んできた。その様子を見た他児も「本当だ！　手で食べている」と大騒ぎになった。担任は「Aちゃんの生まれたインドという国では，ごはんの時は右の手を使って食べるのよ。皆もおむすび食べる時は手で食べるでしょ。色々な国によってごはんの食べ方に違いがあるのよ」と話をした。

その日のお弁当の様子をA児の母親に話したところ，是非クラスの子どもにインドの食文化を体験してほしいということで，後日，A児の母がカレーパーティーを開くことになった。当日は，A児の母とともにチャパティというインドのパンを作り，カレーに使用する様々な香辛料の香りを嗅いだり，床に座って手でカレーを食す体験を行った。何種類もの香辛料を前に子どもたちは「こんなにカレーの中にいれるの！」，「何だかスーッとするにおいだね」と話をしていた。実際に手でカレーを食べる体験をした子どもからは「なかなか上手に食べられない」と初めての体験を楽しんでいた。また，A児も母親と一緒で終始笑顔が見られた。

さらに，当日はA児の母は，民族衣装のサリーを着用して来てくれ，一枚の布からなる衣装に女児は「キラキラしている」，「お姫様みたい」と初めてみる外国の衣装に目を輝かせていた。

　この体験以後，クラスの子どもはA児とインドの言葉で話をしたいと，A児の母親に挨拶や簡単な会話ができる言葉を教えてほしいという要望がでたり，家庭でチャパティを作ってほしいと自分の保護者にお願いしている姿がみられた。ごっこ遊びでは，サリーを身に付ける真似をしてお姫さまごっこを楽しみ，異文化の体験を遊びや生活の中に取り入れようとする姿が見られた。

２）世界の国旗に触れる

　外国や異文化に触れるよい機会となるのが，オリンピックやサッカーのワールドカップ等の世界的なイベントがあげられる。このような世界規模の大会は，世界中から様々な国が参加し，試合や表彰式では国旗もテレビで多く放映されることから，子どもが世界の国々を知るきっかけとなるだろう。

事例5－4　オリンピックの応援国旗作り　5歳児クラス 8月

　夏季オリンピックが開催された際，オリンピック期間中の5歳児のクラスでは，様々なスポーツの話題で持ち切りだった。その中でも，陸上競技やサッカー，水泳等の人気が高く，「僕はブラジルに勝ってほしい！」，「ジャマイカの選手って凄く速く走って格好いいね」と話をしている姿があった。

　そこで保育者は，「自分の応援したい国の国旗を作って応援したらどうかしら？」と提案すると，「じゃあ，僕はアルゼンチンにする」，「水泳は，オーストラリアが強いからオーストラリアにする」と思い思いの国旗作りが始まった。子どもは，国旗の図鑑を取り出し，調べ，自分の選んだ国の国旗を作り始めた。すると「オーストラリアはイギリスに似ているけど，ちょっと違う。星の大きさも同じじゃないんだね」とそれぞれの国旗について調べながら取り組んでいた。完成した国旗に割りばしを付け，子どもたちは，「フレーフレー，アルゼンチン！」，「アメリカ，がんばれ！」とそれぞれの国の旗を使って応援をしていた。

　子どもにとって，日本と異なる文化や外国に触れるきっかけや時期は様々である。その中でも国旗は，子どもが身近に世界各国を知る出発点となるだろう。国際理解を培うために保育者は，日常の生活の中でそれぞれの子どもが興味・関心をもったタイミングを見逃さず，適切な環境や体験を設定していくことが重要になる。また子どもが今後国際社会に対応できる素地を培っていくためには，保育者自身が多様な文化を楽しみながら興味を示し，それぞれの国を尊重し，受け入れる姿勢が重要なのではないだろうか。

（3）地球環境と保育実践

　現在，地球温暖化，砂漠化，大気汚染等，地球規模の環境問題が多く存在する。これらの環境問題は，猛暑や豪雨等，身近な自然や生活と関係の深い事柄

＊9　ESD

「Education for Sustainable Development」の略で，環境，貧困，人権，平和等の現代社会の課題を自らの問題としてとらえ，身近なところから取り組む（think globally, act locally）ことにより，それらの課題の解決につながる新たな価値観や行動を生み出すこと，そしてそれによって持続可能な社会を創造していくことを目指す学習や活動を指す。

日本ユネスコ国内委員会
https://www.mext.go.jp/
unesco/004/1339970.htm

もみられる。保育の場では，直接，環境教育として「持続可能な開発のための教育（ESD）＊9」としての指導を行うことは少ない。しかし保育者が，保育の場の生活の中で，身近な自然や環境との関わりを通して，人間の生命が自然環境や多様な生物の生態系によって支えられていることに子どもが気付いていける機会をつくることは必要であろう。乳幼児期の体験の蓄積の中で，自然や生命に対する偉大さや畏敬の念を抱くことが，将来，自然と共生しながら人間の生活を維持する持続可能な社会の担い手を育てることにつながるであろう。

1）生ごみの堆肥化と野菜の栽培

　ごみの大量排出や食料破棄も地球環境の深刻な問題の一つである。保育の場でもこの流れを受け，ごみ削減や資源の再利用を日常の保育生活の中に取り入れている。例えば，節水や雨水の再利用，廃材利用（段ボールや牛乳パック），落ち葉や生ごみを利用しての堆肥作り等があげられる。これらの体験により，子どもは生活と密着しながら生命の循環や環境保全についての意識を育むことができるのである。

事例5－5　生ごみから堆肥（コンポスト）作り　5歳児クラス 6月

　保育の場の給食では，毎日野菜や果物，卵の殻等，多くの生ごみが生じる。そこで，給食室の職員や保育者とこの生ごみを再利用することはできないかと考え，子どもとともに，保育の場でプランター栽培する野菜の苗や植物用の堆肥を作ることにした。

　保育者から，堆肥作りの手順と仕組みの話を聞いた5歳児は，はじめ「本当にごみが栄養になるのかな？」と半信半疑の様子だった。材料は，保育の場でも手軽に作れるよう段ボールを使用しての堆肥（コンポスト）作りを取り入れた。

　段ボールの中に，土壌改良材（ピートモス）とくん炭を入れ，その後，微生物の働きが活発になるよう生ごみを細かくちぎり入れ，定期的に混ぜることで堆肥はでき上がる。不安と期待で一杯の子どもたちは，登園後「先生，土混ぜてくる」と毎日交代で様子をみていた。

　数日後，いつものように段ボールを観察しに行ったC児（男）が，「先生！　野菜が全部ないよ。白いものが出てる！」と大慌てで，担任とクラスの仲間を呼びにきた。そこで，皆で段ボールの中を覗きにいくと，数日前の野菜や果物の形が消え，白カビが発生している状態だった。また発酵が進み，段ボール内の湿度が上がっている様子に気付いたD児（女）が，「何だかあったかいよ。どうして？」と不思議そうにしていた。

　その後も継続して，土を混ぜる作業を繰り返し，1か月後に手作り堆肥が完成した。でき上がった堆肥は，野菜の苗植えの際に利用した。そして夏には収穫した野菜を給食で食した。堆肥作成時には，子どもたちが家庭から「先生，これも段ボールに入れたい」と野菜の皮や果物を持ってくる姿があり，食物連鎖の仕組みについて少しずつ理解している様子がみられた。

　この先の将来，自分たちが生活する社会や環境を安定的に存続させていく方策を考えることは，大人としての責務であり，現在の世界的規模の環境問題解決に対する取り組みは急務である。保育の場においても，その環境や状況は様々であるが，環境教育として特別に活動を行うのではなく，日常生活の中で子どもが身近に関わる自然や社会環境に対して，地球規模の観点からとらえ直し，各保育の場で実現，継続可能な事柄（ごみの分別，無駄をなくす，生命尊重等）から取り組めるとよいだろう。

（4）現代的社会環境の課題と保育実践

　現代の子どもの環境を取り巻く，都市化，核家族化，少子化，情報化等，子どもの健やかな育ちに関わる課題については，早急な対応が迫られている。その中で，保育の場に対する社会的役割や要望が高まっている。

1）都市化による遊び環境の変化と保育実践

　経済や政治の中核をなす地域へ人口が集中する都市化は進んでいる。大人にとっては，便利になる反面，子どもにとっては遊び空間の減少，危険な空間の増大，自然体験の貧困や人間関係の希薄等の課題があげられている[7]。公園では，ボール遊びや草花採集，砂場での水利用が禁止されていたり，同年代での関わりが少ない等，子どもにとっては十分な遊びや空間が保障されにくい時代になっている。

7）森上史朗・柏女霊峰編『保育用語辞典』ミネルヴァ書房，2015，pp.146-147.

事例5－6　近隣の子育て家庭への園庭開放

　保育の場の近隣に住んでいる2歳児。午前10時過ぎ頃，保育の場のインターホンを保護者と共に鳴らし「こんにちは！　遊びにきました」と慣れた様子で園庭に入ってきたE児（男）。その後も数組の親子が園庭に遊びに来ていた。この園では，行事等で園庭が使用できない場合以外は，いつでも園庭を開放している。E児は，毎日のように遊びにきているため，園に在籍している子どもとも顔馴染みの様子で，年中組の男児が砂場で池作りをしていると「E君も一緒にする」と声を掛けられ，「うん！」と仲間に入れてもらっていた。他に遊びに来ていた他児もダンゴムシ探しや草花を使っておままごと等それぞれ思い思いに遊んでいた。
　子どもが遊んでいる間，保護者は保育者に食事の仕方やトイレトレーニングの工夫等，日頃の子育てで困っていることについて相談をしていた。

　都市部では，特に自然を取り巻く環境の変化や身近な自然環境の減少，さらに子どもが安心・安全に遊べる場所の縮小が加速している。そこで今後保育の場では，園の在籍の有無にかかわらず，地域の全ての子どもが乳幼児期に好奇心，探究心をもって関わることのできる園環境を提供していくことが求められる。

2）少子化，核家族化と保育実践

　都市化と同様，少子化や核家族化も現代社会の子どもを取り巻く環境の変化における課題の一つである。少子化によって，異年齢での関わりが少なくなり，年長者からの学びや年少者へのいたわり等，様々な子どもから影響を受けたり，学ぶ機会が減少している。また，核家族化によって，子育て家庭は，家族を越えた地域や近隣の様々な世代との交流の機会も少なくなっている。このような状況の中，保育の場では異年齢の子どもや世代を超えた人々との交流を図れるような様々な環境を提供している。

事例5－7　お世話デー　3歳児，5歳児クラス 4月

　保育の場の生活にも少しずつ慣れてきた3歳児。初めて園庭で遊ぶ際に，5歳児と3歳児が二人一組のペアになり，遊具の使い方や楽しい遊び，おすすめの場所等を紹介する「お世話デー」という行事を行った。この行事は，5歳児にとって「年長組になったらできる」という4歳児からの期待と憧れの活動であった。

　5歳児は当日を迎えるまで，「3歳児の好きな遊びって何だろう」，「どうやって話をしようか」と考えながら準備を進めていった。期待と不安な気持ちで迎えた当日は，紹介してもらった遊びに興味津々の様子の3歳児やペアのお兄さんの手を振り払い，自分のしたい遊びに一目散に走り出してしまう3歳児等，様々な様子が見られた。お世話デー終了後は，5歳児から「先生，小さいお友だち全然お話聞いてくれない」，「突然走っていっちゃうから困った」と異なる年齢の子どもとの関わりに戸惑う声も聞かれたが，「また一緒に遊びたい」，「今度は一緒にお弁当食べたいなぁ」と充実した様子も見られた。

3）情報化による子育て環境への影響

　インターネット，SNS等の急速な普及により，現在では，その場に居ながら広範囲にわたり大量の情報が瞬時に入手可能となり，情報化社会が進展している。この流れは，私たちの生活様式を一変させ，保育の場や子育て家庭等，子どもを取り巻く環境にも様々な影響を与えることとなった。その中で，子育てを担う保護者（特に母親）の子育て様式にも大きな変化をもたらしている。

事例5－8　子育て広場での一コマ

　子育て広場は，子育て中の保護者の子育てへの不安や孤立を解消することを目的に，自治体やNPO，大学等が運営する情報交換や相談を行う親子の交流の場である。

　月に1度開催される自治体が運営している子育て広場（以下，広場）には，0歳～2歳前後の子どもを持つ親子（7～8組）が参加している。その中の数名の保護者は，広場に到着すると慣れた様子で，身の回りの支度を済ませ，子どもをお気に入りの玩具の側へ連れて行き，子

どもが遊び始めると「○○ちゃん，ママの方見て，こっち，こっち」と熱心にスマートフォンのカメラで写真を撮っている。一通り写真を撮り終えた保護者たちは，「今日はこの写真にしようかな」とすぐに撮った写真を SNS に投稿し，お互い投稿された写真の話題で盛り上がっていた。

　また異なる場面では，子ども同士が電車の玩具で遊んでいる際に，一つの玩具をそれぞれが使いたいとトラブルになり泣いていた。子どもの仲裁に入った保護者は，我が子に「○○君の好きな電車こっちにあるから，こっち見ていたら」とその場から少し子どもを離し，取り出したスマートフォンで，お気に入りの電車の動画を見せ，気をそらしていた。

　上記の事例のように，現在では，保護者にとってスマートフォンや SNS 等の情報機器は子育てを行う上で必要なものとなっている。子どもの機嫌が悪くなれば，子どもの好きな動画視聴を行い，さらには子どもの成長記録や育児情報等に関するスマートフォン向けアプリ*10 が数多く開発され，保護者の子育てを支えている。子育てにおいてインターネット，マルチメディア，スマートフォン等の使用是非については，様々な見解があるが，今後さらに情報化は加速していくことは間違いない。そこで保育者は，膨大な情報や入手手段を，子どもを取り巻く環境の一部として認識し，その有益な活用法を探究していくことが求められる。

*10　**アプリ**

　アプリケーションソフトの略。特定の用途や目的のために作られたコンピューターのソフトウェア。

●演習課題

課題1：実習等において，ままごと遊びの中で，母親役の女の子は，どのように母親を演じているか調べてみよう。

課題2：自分が住んでいる地域にはどのような地域活動があるか調べてみよう。

課題3：環境資源の問題について，子どもが考える機会となるような活動や環境設定について考えてみよう。

●参考文献

中沢和子・小川博久編著『保育内容 環境 第2版』建帛社，1999.

コラム　　　社会環境としての言葉の問題—言葉の背景にある社会性—

　言葉は重要な環境です。英語圏で育った子どもは英語を話しますし，日本語圏で育った子どもは日本語を話します。日本語という環境の中に置かれることで日本語を話すことができるようになるわけです。

　ノーベル文学賞を受賞したカズオ・イシグロは，父，母ともに日本人であり，5歳まで日本で暮らしていましたが，その後のイギリス生活で現在では日本語をほとんど話せないそうです。

　また1871（明治4）年に，岩倉使節団の一行として6歳で渡米した津田梅子（津田塾大学の創設者）は，1882（明治15）年に帰国しましたが，英語が母語になってしまい，日本語を全く話すことができず，保護者との会話も通訳が必要だったといわれています。

　またさらにそれより以前の幕末の時代，みなさんもよく知っていると思われるジョン万次郎は，14歳の頃，嵐に遭い漂流し，アメリカ船に助けられ，そのまま米国に行き，10年後に帰国したときには，日本語が不自由になったといわれています。

　言葉における発達の課題と思うかもしれませんが，カズオ・イシグロは父親の転勤で，津田梅子は明治という激動の時代で，そして，ジョン万次郎は鎖国という政治体制の中で起きたできごとです。

　余談ながら付け加えると，先に記述したように津田梅子は，6歳で渡米しています。今日，英語熱はかなり高まっているようですが，6歳で使節団に子どもだけで渡米を許可する保護者がいるでしょうか。それは，斎藤の指摘通りやはり明治という時代がなせるわざだと思います＊。

　またジョン万次郎はいうまでもなく，江戸時代の鎖国制度を背景にしています。

　このように考えると，これらの事例は言葉だけの問題ではなく，大きく社会体制と連動していることがわかります。

　このように，社会環境とは，当事者の問題意識によって，様々な解釈を可能にしていくものです。ですから，社会環境を考えるときは，何を問題にしているかという問題意識が大変に重要となります。

＊斎藤兆史『日本人に一番合った英語学習法』祥伝社，2003.

第6章 文字・数・図形への興味・関心と保育内容「環境」

文字・数・図形は私たちの生活自体と結びついている。幼稚園教育要領，保育所保育指針等において領域「環境」にある「日常生活の中で数量や図形などに関心をもつ」，「日常生活の中で簡単な標識や文字などに関心をもつ[1]」という文言が意味するのは，それぞれが，生活をする上でどのような役割を果たしているかに気付く，ということである。そのために保育の場（幼稚園，保育所，認定こども園をいう）に求められるのは，生活風景の中に溢れている，「文字・数・図形」に関する学びの資源を，子どもの育ちに合わせて教材化したり，子ども自身が教材化したりできるように環境を調整し続けることである。また，子どもの認識体系について考えながら，「文字・数・図形」に関する活動を取り入れることである。

1）文部科学省『幼稚園教育要領』〔第2章環境 2(9)，(10)〕，2017.
厚生労働省『保育所保育指針』〔第2章 3(2) ウ（イ）⑨，⑩〕，2017.

1 保育における文字・数・図形に関する学びの位置付け

文字・数・図形を学問的にとらえると，文字は言語学，数・図形は数学の源流である。人間は，生活の中で知覚する様々な事がらについて考え，それを他者に伝えるために言葉を用いた。そしてやりとりをしながら，相手と共に理解を進めるために言葉を論理的にまとめ，記述による表現を生み出した。数や図形もまた，言葉を使って表現しながら，それぞれの概念を共通認識できるようにした。人間は言葉を用いて，生活に密着した文字や数，図形を手がかりに概念や法則を見出し，生活を発展させ，さらに様々な法則を体系化，発展させ学問にまで高めてきたのである。そして，これらの原初の言葉や法則等の発見や理解が高等化されてきた過程は，人間が文字・数・図形を理解する過程と似通っている。それではどのように，文字・数・図形を習得するのだろうか。

文字を学ぶ道筋は，語りかけられる言葉や周りの音声を「聞く」ことから始まる。そして，聞くことに応えようと「話す」ことができるようになる。その

＊1　小学校学習指導要領解説算数編では，「数学は，日常言語と同様に，それ自体が思考およびコミュニケーションの手段として用いられ，自然や社会の考察に欠かせない言語としての性格をもっている。論証が他者を説得するための術であると言われることがあるように，算数科においても，事柄の根拠や前提から導かれる結果を説明する等，他者を想定したコミュニケーションの方法を学ぶ」としている。

　文部科学省『小学校学習指導要領解説』（算数編　第2章第2節1(1)⑧），2017.

2)　文部科学省『幼稚園教育要領』〔第2章環境3(5)〕，2017.

　厚生労働省『保育所保育指針』〔第2章3(2)ウ（ウ）⑤〕，2017.

3)　厚生労働省『保育所保育指針』〔第2章2(2)ウ（イ）③〕，2017.

4)　細田成子「就学前教育における子どもの文字環境について（1)－生活の中で文字の機能に気づき，使うこと－」保育の実践と研究，vol.19(1)，p.65.

うちにやりとりしていることは記号でも表されることに気付き，「読む」「書く」ができるようになる。言葉や文字の習得過程では，数を表す言葉があることも知る。「数の最初の認識は自分の1歳のお誕生日」とよくいわれるが，そこから「1，2，3…」と数えられるようになり，「2は1より多いことを表す」という法則を感覚的に得ていく。また，「ボールころころ…転がりました」と，現象や動作を表す言葉や，「お月様，まるいね」「三角のおにぎりよ」等の表現に触れることは，形の識別につながる。乳児期に哺乳瓶（ほにゅうびん）をもってミルクを飲むことは，ものの形を身体で感じとれる。子どもは文字・数・図形に関わる様々な事柄を，生活の中で，感覚と言葉から理解し始めるのである。

　さらに，文字機能の理解は，思考力・判断力・表現力そして論述・説明力を育てる。数を理解すると，抽象的な概念が発達し，論理的説明力が培われる[＊1]。形を手がかりに図形を理解していくことは，空間概念を形成し，形に対するバランス感覚を培うこともできる。乳幼児期は，こういった力の基礎をつけたり，感覚を豊かにしたりする時期である。それは，社会生活をスムーズに送るための基盤となる。そして，それを培うのが保育の場であり，その点において保育者（幼稚園教諭，保育士，保育教諭をいう）の担う役割は重要である。保育者として大切にすべきは，「文字・数・図形」についての技能習得・到達を第一の目標にして教え込んだり訓練したりすることではなく，それぞれの機能に気付くように，子どもの発達過程や認識に沿った指導や援助をすることである。幼稚園教育要領（以下，教育要領），保育所保育指針（以下，保育指針）等の領域「環境」は，次のような姿勢を示す。

　　「数量や文字などに関しては，日常生活の中で幼児（子ども）自身の必要感に基づく体験を大切にし，数量や文字などに関する興味や関心，感覚が養われるようにすること[2)]」

　　「身の回りの物に触れる中で，形，色，大きさ，量などの物の性質や仕組みに気付く[3)]」（1歳以上3歳未満児）

実際に文字，数・図形を使用する中での気付きや発見があって，感覚が養われる。一方で，文字，数・図形の機能や法則性は経験や必要感だけで理解できるともいえない。それらは教えられ，学ぶことで知的活動の基盤をなす。子どもの認識具合に応じた指導・援助や教材の用い方を調整することが必要である[4)]。

（1）文字機能に対する感覚を豊かにする

　「聞く」，「話す」，「読む」，「書く」が文字に関わる4機能である。「『よみこ

とば』は一方の極に『話しことば』の教育と重なる部分を有している。と同時にもう一方の極は『書きことば』の教育とつながっている。なぜなら、『よみことば』は書かれたことばを前提としており、また、聞くという言語活動が介在するからである[5]」といわれるように、文字の機能を知ることは言葉の全体機能を知ることである。「話す」、「聞く」とき、言葉は実体なく空間を行き交うが、それを残せるのが文字である。文字が単語という形に組み立てられると、対象や行為の意味を伝えるものになる。同じ音声を区別したり、文脈から正しい表記を探ったり導いたりもできる（同音異義語）。また、文章という形に組み立てられると、そこには、人々の思いがのせられ、文脈が形成される。そして文字は、どこの国においても言語の伝統的文化継承財である。やりとりをする中で、ふと語法に気付く、文字のプロポーションや美しさに目を向ける、そういったことが、自国の言語に関わる文化や歴史を知ることにもつながる。例えば日本には、ひらがな、カタカナ、漢字という3種類の慣習文字があり、人々はよりスムーズに伝達し合うために、それらを使い分ける。これも、地域性、異国との関係、民族の変化といった様々な歴史的文化社会的背景が影響している。そのように、様々な事柄を、時代を超えて伝え続ける永続性も備えているのである。この記号や音声は、しなやかに意味調整されながら人々の間を行き交い、社会的関係や文化を形成していく知的財産である。文字は社会的道具（コミュニケーション・ツール）であり、思考の道具である。そこを踏まえて子どもと文字との関わりを考えなければならない。

1）文字認識の発達　―「聞く」から「話す」へ―

　子どもは生後しばらくの間、生理的欲求（食事・排泄・睡眠）の充足を養育者に依存するが、空腹を満たして「お腹いっぱいになったね」、おむつを替えたときの「気持ちよくなったね」という言葉で、快の感覚が伝えられる。養育者の何気なく発するあやす言葉も、優しく響く。それは、初期にはただの音声でしかないが、子どもは、欲求を示すと返ってくる音のリズムを耳にする度に心地よさを感じ、大人とのやりとりを楽しむようになる。

　やがて子どもは、その音声は何かを表していると感じ始める。それをとらえて似た音声で表すと、「お話ができるようになった」と言われる。それが一語文〔ママ、ワ（ン）ワ（ン）等〕である。また、言語発達は指差し[*2]と関連があるとされるが、イヌを見たときに大人が「ワンワンね」と対象との結びつけをしたり、乳児がボールと戯れている傍らで「コロコロ」と描写したり、投げる動作に合わせて「投げました」と言葉と動作を直結させるような光景はよく目にする。言葉の理解には経験との対応が必要だが、初期には大人から対象と

5) 汐見稔幸「幼児期の文字指導と言語教育をめぐって－イメージとことばの観点から－」東京大学紀要，第20巻，1980，p.302.

* 2　**指差し**

　乳児期の子どもが興味対象を指や手で指し示す行為。大人がその対象に一緒に目を向け、注意・関心を共有することを共同注意という。この時の大人の語りかけによって、子どもの、対象に関する理解が促進され、言語的・認知的スキルが獲得しやすくなる。対象への指差しを「陳述的（宣言的）指差し」、例えば大人にものを取ってもらいたいとき等の指差しを「指令（命令）的指差し」という。

　マイケル　トマセロ　松井智子他訳『コミュニケーションの起源を探る』勁草書房，2013，p.104，pp.108-137.

名称が結びつけられ，母語の発音や，時には意味も獲得する。知覚した様々なものや出来事は，そこでの人との関わりにより言葉に変換され，記憶されていくのである。そして，そのときの流れに沿ってやりとりをする経験は，子どものコミュニケーション能力を培う。そのうちに子どもは，一つの言葉が広く同じ意味で使われていることにも気付き，自分でも実際に使ってみてうまくいく，といった経験を積み重ねながら，言葉は伝達のための社会的道具であると理解していく。

2）文字認識の発達　―「話す」から「読む」へ―

　絵や記号で表された伝達媒体にも出合う。「サイン語」といわれる，直接観察によって理解が促される，図形や記号で意味を表すトイレや非常口等のマークである。3歳頃に，自分のマークが決められて，それを手がかりに私有物を見分ける，といったことも同じである。ある記号は何かを意味すると認識することは，文字の理解の第一歩である。

　子どもが文字に最初に興味をもつのは，自分の名前を通してのことが多い。「自分のマーク」の横には多くの場合，名前が書いてあるが，4歳頃まではあまり関心を示さない。いつしか，マークと共にある記号（文字）が自分の名前を表していると気付くと，読み方を聞く。そして徐々に，表記への興味となっていく。また，多くの保育の場にみられる50音表には，ひらがなを筆頭にした絵が描いてある。「あ」の箇所に「あり」というひらがなと蟻の絵が書いてあるとする。それを見て子どもは，「あ」という文字のみではなく，「あり」という表記と蟻の絵を脳裏に焼き付けるだろう。保育者はその前提で，「『あり』の『あ』だね」と説明すると，子どもにとって文字は，組み合わせで何か意味を表している，ということが理解しやすい。

　一番文字に馴染みやすい教材は，絵本である。子どもは，読んでもらう文字を聞きながら絵と文字に目をやり，文字の並びが，話している言葉を表していることを感じとっていく。元来読むことは，そこで語られていることをそれぞれのイメージで解釈する創造的活動である。しかも子どもは，文字は意味を伝達する機能があることに，早くから気付いている。カミイは，「子どもたちは初めから書き言葉には意味が表象されていると考えていますが，書き言葉が話し言葉の音声と関係しているとは考えていません[6]」と指摘する。しかし読めるようになると，その一致が瞬く間に理解され，スムーズに読めるようにもなってくる。しかし，「知っている文字と少し違う」と，途中で読み進められなくなることがでてくる。そのとき，文字の法則を知る。濁音や半濁音，拗音[*3]や促音[*4]，拗長音[*5]の読み方や，「へ」（「え」と発音する）と「は」（「わ」と発音

6）加藤泰彦・コンスタンス カミイ編著『ピアジェの構成論による幼児の読み書き　新しい文字教育の理論と実践』チャイルド社，1997，p.28.

*3　拗　音
　音節の一つであり，「きゃ」，「しゃ」等，小文字と2音で形成される。

*4　促　音
　つまる音。「きって」，「けっか」等の小さい「っ」の音のこと。

*5　拗長音
　「キャー」，「キュー」等，長く伸ばす音（長母音）を含む拗音。ニュース，ジュース等，カタカナ表記される外来語に多い。

する）の読み方等である。子どもがつまずいたときに教えると，文章という全体性の中でとらえられるので，読みが記憶に残りやすい。同時に表記の仕方も視覚から記憶できる。さらに，文章表記から，文節や統語的仕組み（構文）*6を感じとる等，言葉の使用に関するルールについての情報を大いに取り込める。子どもが興味をもって関わっているときに，丁寧に教えることで，日本語のルールや志向性等，文字に関する様々な面が理解されやすくなる。ドリル等でその読み方や書き方だけを教えても，どのように使われているかまでは理解しづらい。

3）文字機能の認識　―「読む」から「書く」へ―

　文字認識の基本となる「聞く」，「話す」は，日々の人との関わりを基盤にしながら，言葉の用法の一致とルールの理解を重ねて，他者とのやりとりを容易にする社会的行為の一形式として高められていく。しかし，たとえ話し言葉によるコミュニケーションができていたとしても，文字を読んだり書いたりすることは教えられなければ身に付かない。そして，独力でそれを習得するのは難しいこと，難しいけれど何だか大事そうだ，ということは子ども自身も感じている。だから，「読んで」，「書いて」と頼む。

　「書く」ことは，周りで誰かが何かを書いている姿から動機付けられることが多い。書きたい気持ちが高まってくると「どうやって書くの？」，「何て書いたの？」と聞く。書くこともまた，自分の名前から始まることが多いが，最初の頃はバランスが悪かったり，鏡映文字*7が多かったりする。先の，拗音や促音を書き分けられない子どもは多い。文字を抜かしてしまうこともある。単に書くことを楽しんでいるときにはそれを見守ればいいが，子どもが書いているときは，正しい書き方を教える機会でもある。「うまく書けるようになりたい」と思っている子どもには，そのときに指導・援助したい。

　文字との関わり，特に「書く」ことについては，興味の出始める時期や関心のもち方が多様である。そして，個人間においても「読む」と「書く」の間には能力的に開きがあり，読めるから書けるとも限らない。保育者は，文字の使用や機能理解には，子どもそれぞれの，文字に関する敏感期*8や認識の様相に沿った対応が大切であることを，頭に入れておきたい。

　文字機能の認識過程は，〔音声の認識・聞く→音声とものごとの結び付け・話す→文字への興味→読む→書く〕と系統立てられる。子どもは生を受けたときから言葉を伴いながら人と関わるが，その経験がもたらすのは，ある行為や対象への単なる言葉のはりつけではなく，言葉を使った周りとの関わり方のノウハウである。それが，その社会や共同体の社会的枠組みに沿った言葉の用法

*6　**統語的仕組み**
　単語，句や節（単語同士のつなぎの役割），また文節の形成の法則等の相互的，全体的な関係。

*7　**鏡映文字**
　左右の空間関係が逆転した鏡に映ったような文字。文字の形を間違って記憶しているのではなく，書き出す段階で左右が適切に配置できないために生じるといわれている。空間認識能力の成熟に伴い修正される。
　沼山博他編著『子どもとかかわる人のための心理学』萌文書林，2013，p.87.

*8　**敏感期**
　ものごとを学習・習得するのに身体的・心理的に最も適するとされる時期。「生物がある特性を獲得するための限られた期間」と定義される。

の一致と，ルールの理解ももたらす。言葉はその社会の規約に沿うように使わないと機能しない。使いながら適切な用法や様々な表現法を知り，伝達媒体として操れるようになることが知的活動の基盤である。伝達のための表記ルールの理解と，思いを表すための「書く」経験があって，「人と人がつながりあうために存在している[7]」とされる文字の機能が理解できる。また社会的関係や文化を形成していく道具として識字力を育てるところに，教育的意義がある。

7) 文部科学省『幼稚園教育要領解説』2018.

（2）抽象的概念が育つように数への感覚を深める

数に関すること・扱うことは，生活の中に溢れている。数そのものは文字同様実体がないが，文字とは性質が異なる。数は様々な規則性や法則性にのっており，それを含めながら抽象化*9される概念である。実体から数や序列を表し，量を測り，質の判断の基準値を定める。また，時間を感知させ，空間の位置を示す等，目に見えない様々な物を可視化し，把握できるようにした自然科学の規則を表す手段である。子どもは，具体的なものを使って数えるところから数と関わり始めるが，数える対象は何でも構わない。なぜなら，「数える」ことは，ある対象との間の形式的な操作そのものを指しているのであり，声に出して数を唱える行為のことをいうのではないからである。具体物の名称を正しくとらえられるようにする言葉や文字と，その点が異なる。すなわち，数学的な論理の特徴は，対象間の法則的・形式的関係性をとらえるところにある。ただ，「声に出して数を唱える」行為それ自体は，数学的に表現することではあり，そうやって表現するところに数に関する理解が萌芽する。その点において，就学前は，数や量に関わる表現力が育つ機会を大切にすることが望まれる。また，数を理解するための基礎力は生得的に備わっているので，実際に使うことで理解されていく。

*9　抽象化
　ある集合に共通する性質を取り出すこと。

抽象的な概念は，具体的な事物や事象に関わることを手がかりにして育つ。数や図形は，身の回りの事象に関わる中で表出する数学的な表現*10を保育者が見取って，数量的な関係が認識できるように環境を調整することで，それらに対する感覚が深まっていく。また，数は計算，量は測定という操作の言語を伴う。それは，小学校で学ぶことのように思えるが，就学前にも，様々な場面でそのことを経験している。それも意識的にとらえていきたい。

*10　数学的な表現
　数学的な表現様式については，『算数教育指導用語辞典』を参考にすると，現実に即した操作や実験，ブロック等の操作，絵による表現，日常言語による表現，といったところになる。
　日本数学教育学会編著『算数教育指導用語辞典　第四版』教育出版，2009，p.37.

1）言葉として数と出合う

「2歳のお誕生日おめでとう」とケーキにろうそくを2本立ててお祝いをする。子どもの成長を喜ぶこの場面は，数を知る機会でもある。「1歳から2歳になったのよ」と指で示したり，ろうそくを指しながら言われると，「『に』は

『いち』より多い」と感じとる子どもはいる。ただし，数を数えられるように
なったとか，わかるようになったとかではない。また，この2歳頃に，リズム
に乗って「いち，に，さん…」といった数唱[*11]を口ずさむようになることも，
「数がわかるようになった」ととらえられるが，これも，数に関する言葉であ
る数詞[*12]を新しく覚えた姿でしかない。「『に』は『いちよりも多い』」とわ
かり，正確に2個のものと対応づけられるようになるのは，2歳半から3歳頃
といわれる[8)]。しかしこれも，数を抽象できるようになっていることではない。
数の抽象とは，例えばお皿2枚，犬が2匹，ボールが2個といったように，数
える対象によって対応する助数詞[*13]が違うが数は同じとか，あるいは，お皿
1枚とボール1個でも「2」，という種類が異なる組み合わせでも「2」とわか
る，ということである。そのことの理解は，幼児期中期頃から始まり，ゆるや
かに進む。しかし数の見分けについては，早い時期から，3までを一目でとら
えられる。0歳代でも既に1つ，2つと3つ以上の数の区別はできるといわれ
るが[8)]，これを直観的数把握（subitizing／サビタイジング）[*14]という。

　また，お風呂に入って「10まで数えましょう」とか，遊ぶときの「10まで
数えたら代わろうね」等の「10まで」という表現は日常的に耳にするので，
いつの間にか10までは唱えられるようになる。これは日本の取り入れている
10進法の理解につながる。しかし4歳頃までは，「数」としてではなく，まだ
「言葉」としての理解である。ブランコで遊ぶとき等に，10まで数えたあと，
「おまけのおまけの汽車ぽっぽ～」という歌詞がつく遊び歌を交代の合図にす
ることがあるが，子どもにとりここでの数唱は，歌詞の一部なのである。また
数を表す表現には「いち，に，さん…」（音読み）と「ひとつ，ふたつ，みっ
つ…」（訓読み）という2種類[*15]があることも遊びや生活を通して把握していく。

2）生活や遊びの中の「数」

　数詞についてわかり始めると，生活の中で数を意識する場面が増えてくる。
何かをするときに「1人ずつ」と言われたり，クラスの出欠確認時の「今日は
〇人お休みです」といった言葉に対して，指で示す等，具体性が伴われること
で分離量[*16]を知る。グループに教材を配るとき等に，行き渡らせることがで
きたり，欠席者がいる場合にはその分だけ少なくていいと判断する等，1対1
対応や，簡単な加法減法も体験しながらわかるようになる。また「男の子の
列・女の子の列」とか，「紅白に分かれましょう」等，集合（数）についても
知る。分類して間違いがあると指摘するのは，集合が理解できているからである。

　分離量に対する概念は連続量である。これは，「長さや重さ，時間のように，
単位を決めて測定できる物[*17]」を指す。この「長い・短い」「大きい・小さい」

＊11　数　唱
　数詞を唱えること。
数えるときの「1，2，
3…」を自然数という。
　フリッツ ラインハ
ルト，長岡昇勇他訳
『学校数学事典』共立
出版，2014，p.17.

＊12　数　詞
　数を表す語。分けて
数えられるもの，個数を
表せるものを「基数
（詞）」，位置（〜番目）を表すも
の「序数（詞）」という。
　フリッツ ラインハ
ルト，長岡昇勇他訳
『学校数学事典』共立
出版，2014，p.17.

8）今井むつみ『学び
とは何か-〈探究人〉に
なるために』岩波書店，
2017，p.60.

＊13　助数詞
　数（集合数）の後につ
ける，対象の性質を表
す語。「枚」，「匹」等。
　平山許江『幼児の
「かず」の力を育てる』
世界文化社，2015，p.144.

＊14　直観的数把握
　記憶課題において4
個までは，高速で正確
に計数される。5個以
上のゆっくりとした計
数と区別される。

**＊15　「ひぃふぅみぃ
…」という表現もある
が最近はあまり使わな
い。**

＊16　分離量
　ものの個数を表す
量。測定値が自然数か
0である。
　武藤　徹・三浦基弘編
著『算数・数学用語辞
典』東京堂出版，2010，
p.198.

＊17　小数や分数は，連続量の下位処理を含む。分離量のように個数で数えられないので，メートル，リットル，グラム等の単位を用いる。

武藤 徹・三浦基弘編著『算数・数学用語辞典』東京堂出版，2010，p.240.

＊18　**保存の概念**

対象の形や配置等，見た目が変わっても，何も操作を加えなければ，その対象の数や量に変化は生じないと理解できること。ピアジェの思考の発達段階説では，具体的操作期（7歳〜11歳頃）に，保存の概念が成立する，とされている。

中島義明他編『心理学辞典』有斐閣，1999，p.202，pp.799-800.

＊19　具体的な図形の名称が指導の内容として出てくるのは，小学校2年生になってからである。小学校1年生では形について学習する。

8）厚生労働省『保育所保育指針』〔第2章 1（2）ウ（イ）②〕，2017.

9）厚生労働省『保育所保育指針』〔第2章 1（2）ウ（イ）③〕，2017.

等は日常的に表現しているし，視覚から対比しやすいのでわかりやすい。しかし，「時間」の概念を育てること，時計を読むことは幼児期には難しい。例えば，年中組後半から年長組では，保育者は時計の文字盤を使って，活動の目安を知らせることが多い。このとき，時を刻む時計と教材用時計（時間の読み方を教えるときに使う）を設定時間にして並べておくと，時間が経過する様子をとらえやすい。他にも，例えば色水遊びは，連続量に触れる経験である。子どもは，小さな容器をいくつも並べて，ペットボトルから水を移し替えながら色の変化を楽しむ。分割してそれをまたペットボトルに戻しても，全体の体積に変化は生じない。これは「分割」，「統合」といった連続量についての操作だが，子どもにそれは意識されない。おそらく保育者もそういう視点で見ることはあまりないだろう。しかしこれは「保存の概念＊18」を培うことにつながる。

数は，様々な場面からイメージしながら理解できていく。保育者が，子どもが数に関わる場面に注目して抽象化したり操作したりできるように援助をすることで，数の面白さに気付いていく。

（3）自然科学的な調和の感覚を育てる−形と図形−

図形は数同様，抽象化してつくられていく概念であるが，文字や数と異なり，視覚でとらえられる。自然の中に存在する具体的な形を単純化することによって成立しているのが，円，三角形，四角形という基本的な図形の概念である。さらに，立体図形と平面図形とに分けられ，立体図形の1つ1つにも名称が与えられている。図形は，それぞれの定義を満たしていることにより判断されるが，就学前にこのことは学べない＊19。意外に気が付いていないが，子どもの言う「まる」「さんかく」「しかく」は図形を表す言葉ではない。言うなれば，図形的要素をもつ，形を表す日常語である。子どもが様々なものに関わるときに，大人から，それぞれの性質を帯びた形に応じた名称が結び付けられ，事物間の共通性を見つけ出しながら，いわゆる「まる」，「さんかく」，「しかく」として理解していく。また，身の回りにあるものの多くは立体であるが，平面図形と立体図形の区別もつきにくい3歳未満の時期は，このように表現することで形の特徴をとらえやすくなる。保育指針，教育要領では形，図形に関することは，以下のように取り扱われている。

「生活や遊びの中で様々なものに触れ，音，形，色，手触りなどに気付き，感覚の働きを豊かにする8)」（乳児，傍点は筆者）

「保育士等と一緒に様々な色彩や形のものや絵本などを見る9)」（乳児，傍点は筆者）

「身の回りの物に触れる中で，形，色，大きさ，量などの物の性質や仕組みに気付く[10]」（1歳以上3歳未満児，傍点は筆者）

「日常生活の中で数量や図形などに関心をもつ[11]」（傍点は筆者）

保育指針の乳児と1歳以上3歳未満児の保育の内容には，「形」に触れる視点が示される。乳児期からの豊かな感覚を育てる関わりが図形の理解につながる。例えば，子どもは生活の中で，花や葉，小動物，遊具，教材等，様々な形を見分けている。触感からも「ゴツゴツしている」，「ツルツル」等，形の特徴をとらえる。身の回りにある，ものの形を感じ，十分に触れるという生活経験がベースとなって，無数の形の中から図形的要素を見つけ出したり，見分けたりするようになるのである。そして，教育要領と保育指針の3歳以上児の保育の内容になると「図形」と明記される。形・図形と書き分けているところに，子どもの理解系統が示される。さらに，図形については領域「環境」の内容(9)に記されるが，各領域の内容は，番号順に経験や発達のプロセスを緩やかに考慮しているので〔わかりやすくいえば(1)，(2)あたりが3歳児を中心とした想定で，最終番号あたりが年長児を中心とした内容を想定している〕，育ちとともに，図形への気付きを意識できる環境を構想したい。なお，幼保連携型認定こども園教育・保育要領の内容も当該事項に準ずる。

1）空間の認知と生活の中の形

形は，空間自体と結びついている[*20]。私たちの住む3次元世界は，空間が縦・横・高さの3つの座標で表される。乳児期はそのことを体感する時期である。支えられながら積み木の上に立たせてもらい「高くなったね」と言葉をかけられて高低や上下を知る。「先生の周りに座りましょう」「みんなの前にある…」等，周り，前後，間といった，空間を表す言葉は毎日聞いているのでいつの間にかわかるようになる。これらが示す位置関係は，自分を基準として測れることもあって，把握しやすい。しかし左右については，身体の向きによって位置関係が変わる。今，「左」にあったものが，自分が方向を変えると他の言葉で表される。「左」が「右」になるだけならまだしも，「前」や「後ろ」にもなるから，子どもには難しい。ただ，自分の身体に関しては左右がわかりやすい。子どもそれぞれの利き手に合わせて，「お箸を持つ方が…」「お茶碗を持つ方が…」といつの時代も教えられるのは，それが左右を認識しやすいからである。先の「鏡映文字」は，こういった左右感覚の曖昧さから生じる。また，子どもが園内や通園路，近所を自由に歩き回ったり，目的地に到達できたりするのは，大きな空間の認知地図が頭の中にできるからである。私たちは風景の記

10）厚生労働省『保育所保育指針』〔第2章 2(2)ウ（イ）③〕2017.

11）文部科学省『幼稚園教育要領』〔第2章 環境2(9)〕2017.
厚生労働省『保育所保育指針』〔第2章 3(2)ウ（イ）⑨〕, 2017.

*20　我々を取り巻く3次元の空間は大小様々な立体で満たされていて，人工物でも自然界の物でも幾何学的立体（角柱・角錐・円柱・円錐・球）に分類することができる，と説明される。
フリッツ ラインハルト，長岡昇勇他訳『学校数学事典』共立出版，2014，p.187.

憶を手がかりに，目的地を思い出したり確認したりするが，子どもも日々の行動の中で，何か目印となるものを印象付けて記憶し，おおよその空間を把握する。例えば年中組後半頃に，園外保育からの帰路で「あそこのお家に大きい犬がいるの」とか，子どもに居住地を尋ねて，最寄りの駅と，家の近所のスーパーマーケットや，公園の名称を言える等は，頭の中におおよその図が描かれているからである。こうやって空間を認知することは，様々なことを図形化[*21]してとらえる力にもなっていく。

2）形から図形を意識する

夏休み明けに，ある子どもが「まりも」を持ってきた。それを見て子どもたちは「わ〜『まんまる』だね」と言う。「先生，四角い箱ちょうだい」と言うので，直方体を渡すと「違う，真四角の。（立方体の見本を持ってきて）こういうの」と指定する。こういった発言が聞かれる以前の，年中組前半頃は，何となく4つ角があれば「しかく」，曲線であれば歪んでいても閉じていなくても「まる」，3本の線で囲まれていれば「さんかく」である。

写真6−1　4歳児の描いた「さんかく」と「まる」

しかし，年中組後半頃からは，球体や円の性質をとらえた表現や，同じ「四角い箱」でも種類の違いを示す等，形にこだわったり，形の表現が多様になったりする。立体図形は平面でとらえられて，平面上に表されるようにもなる。平面図形は2次元の空間世界であり，実生活ではそのほとんどが立体の中に埋め込まれていることから，この時期には，高度な認識力がついてくることがわかる。

生活空間（3次元空間）から2次元の平面を抽象化する活動の代表格が，描画活動である。家を描くときに，屋根を三角，建物部分は四角，窓は四角の中に直線を組み込む，太陽は丸で表す等である。また，積み木で遊ぶ際に，「三角の積み木」，「四角い積み木」と表現する。「三角の積み木」と表現される三角柱[*22]は（三角柱の定義に従えば），底面が三角形であり，側面は四角形である。「三角の積み木」とは，「三角形の底面」に注目した表現であり，三角柱の中にある平面を抽象して判断材料に用いていることである。そのように表現することは，「四角い積み木」との識別には，共通する「四角い面」を除けば（あるいは固有の形だけに目を向ければ）よい，という判断ができていることでもある。

この逆の平面が立体になることがわかる格好の教材は，折り紙である。様々に折って全く別の形に仕上げても，広げればまた，元の折り紙に戻る[*23]。そ

して手順を理解して様々な作品を作り上げられるようになる。保存の概念が獲得できているからである。また例えば，わらべ歌に合わせて全員で手をつないで一方向に回るときに四角にはならないこと，泥団子を作るときに「丸くなるようにしよう」とか，手のひらで転がすと球体にしかならない，という点からも図形の性質は感じとれる。

　形から図形を理解することは，ゆくゆくは，図形を形に活かす力として還元される。身の回りの事象をより詳しく理解したり，機能的に考えたりできるということである。ボタンは円形の方がかけやすく，はずれにくいことや，円錐に正方形をつけて安定感があるからカラーコーンは倒れにくいと理解したり，動線をつくりやすいようにものの配置を考える，というようなことである。

　子どもは，例えば箱を見たときに，形や図形の要素だけに注目しているわけではない。色や大きさ，材質，何に使えるか等，多様なとらえ方をする。そういったときに保育者が，図形への関心を育てたい一心で，「箱＝立体図形」という一面だけで扱ってしまわないようにしたい。子ども自身の見方を通した箱の取り扱いや，それによる気付き，そういったことから「図形」へと焦点化するプロセスこそが大事である。多様な視点からのとらえが，子どもの豊かな感性を育てることになる。折り紙を対角線で折って三角にするときもそうである。見本を見せて「お山を作りましょう」で三角はすぐ作れるが，それだけでは「四角が三角になる」面白さや，図形の性質がとらえられないまま終わってしまう。「どうやったらお山になるかな」等と問いかけることで，子ども自身に図形の様々な性質について考える姿勢が育つ，ということを覚えておきたい。

2　文字・数・図形に関する学びの実際

　ここでは，生活全体から様々なことを学ぶ，という就学前教育の観点から，一つの活動に「文字・数・図形」の複数の学びが見られるものを中心に取り上げ，活動や遊びの中の，「文字・数・図形」についての事例を紹介する。

事例6−1　1歳児後半（歩行開始頃）

筒状・棒状の素材を立てて「輪っか通し」を作り，そこに輪っか（セロハンテープの芯のようなもの）を通す。また，牛乳パックで作った小さい積み木を使って，積み上げたり並べたり，トラック（遊具）に載せたりして遊ぶ。

　図形：見たり触ったりしながら，それぞれの形（四角・丸）の特徴を知る。また，太さの違う棒へ輪っかを通すことで太さや細さを感じる。偶然輪っかが転がるのを見ることも，特徴の理解に通じる。

　　　数・文字：積み木を長く並べたり，積み重ねたりして，「『長い』電車ができ
たね」，「どっちが『高い』？」等，見立てを楽しみながら（言葉の認識にもな
る）連続量や比較に触れ，空間を認知する。

事例6－2　2歳児前半

　保育者2人が端を持ってハンモックのような形にした布に，一人ずつ横たわらせ，歌に合わ
せながら揺らす。歌が終わった後，「『いち』，『に』の『さん』」と少し大きく揺らして次の子
どもと交替する。

　　　数：数詞を耳にする経験。
　　　文字・図形：「大きくゆらゆら，小さくゆらゆら」という歌詞を聞きながら
動作を表す表現を体感しながら知る。また，「大きい」，「小さい」という空間
を表す表現を状況から感じ取る経験をしている。

写真6－2　ゆらゆらハンモック

事例6－3　4歳児2学期

　4名構成のグループで，その日のリーダー（当番）が降園前に連絡帳をメンバーに返す。連
絡帳のそれぞれのマークシールの横には，名前がひらがなで書いてあるので，その2つを頼り
にする。しかし，保育の中で文字の指導はしないので，文字の読めない子どもには，マークシ
ールを見て配布するように話している。A児は文字が読めないのに，連絡帳をざっと見て，必
ず最初にB児に連絡帳を返す。「何でBちゃんの（連絡帳）ってわかるの？」と聞くと「だっ
て，いっぱい書いてあるから」と言う。つまり，「発する言葉の数が多いから，文字の数が多
いのもB君の連絡帳だ」という認識である。また，自分の名前に同じ文字があると，それだ
けを読んで所有者に返す子どももいる。それは，文字の読み方や書き方は同じであるとわかり
始めたことである。

　　　文字：保育者がノートの所有者を教えることはせず，マークが意味をもつこ
とが伝わるように関わる。これにより，「マークと文字（名前）と該当者」の

関係性がわかる。また，音声数と表記数が同じということも把握しているが，これは「数」の1対1対応に通じる。

事例6−4　5歳児1学期

　C児が画用紙を3枚つなげて長くうねった線を下から上に向かって描いている。「…新宿に行って，大宮で乗り換えるの。新幹線。それでどこかに止まって，その次が福島で，次が仙台で，仙台で違う電車に乗って，○○駅で降りて…そうするとおばあちゃんのお家に着くの」と言いながら，途中に駅を作り，「おばあちゃんの家」をゴールにした地図を仕上げた。

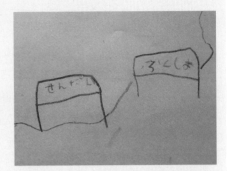

写真6−3　おばあちゃんの家までの地図（新幹線の駅）

　文字：祖母の家に行く楽しい経験を，絵で表す。「こうやって行くの」と笑顔で話しながら書くことで，絵と文字に思いがまとまっていく。また，「ふくしま」「せんだい」と言いながら書くことで，話し言葉と文字が一致することがわかっていく。

　図形：停車駅と「おばあちゃんの家」を線路でつなげるのは，大きくとらえた認知地図ができていることである。また，駅を平面的に描写していることも，この時期の特徴である。

事例6−5　5歳児1学期

　D児ら4人が，厚紙で丸い型を写し取ったり，ハートの形を切ったりして，クッキーを作り，箱に入れている。数が増えてきて「ねえ，クッキー屋さんにしようよ」と1人が言うと，「いいね〜」と全員が合意する。そのうち，「ねえ，あめもできたよ」と紙をセロハンで巻いたものをD児が見せると，E児が「じゃあ，お菓子屋さんにしようよ。あ，やっぱりアイス屋さんにしよう。そこでお菓子も売るの」と提案

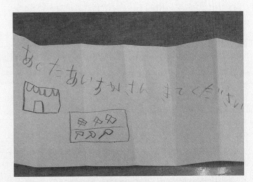

写真6−4　あいすやさん　きてください

し，「アイス屋さん」にすることが決まった。そして，オープンを知らせるチラシも作り，「あいすやさん　きてください」というメッセージを入れた。

　この日，クッキーにするハートは形をそのままを書いて切り抜いていたが，その後，保育者はハートの半分の形の型紙（♡）を作り，使い方を教えた。子どもは，紙の折り目に型紙を合

わせて形を写し取り，切って広げたときの左右対称のハートの形に大喜びした。そして，そこにいた全員が線対称のハートを作ることを楽しんだ。

　　　　　文字：メッセージ性のある文章が書けるようになる。ただ，まだ覚えたてなので，「あいすやさん　きてください」となっている。偶然だとは思うが，この文節は適切である。この空白に「に」，「やります」，「始めます」等，様々な言葉が浮かび上がってくる。文字に思いがのせられる，といったところである。単に「に」が書けないとか，入れる助詞がわからないだけかもしれないが，それはそれで，この時期の認知度の指標になる。

　　　　　図形：絵に注目すると，お店もアイスキャンディーも平面で表されていることがわかる。また，左右対称のハートは，型紙を見ただけでは展開図が想像できない。実際に試してみても，最初はマジックをみているような驚きになるが，繰り返すことで感覚的に理解していく。広げたときに真ん中の線を境に同じ形になっていることに気付くと，左右対称の理解になっていく。

事例6-6　5歳児

　お箸で10粒の無患子の実（不思議な形をした木の実）を，一方の容器から他方へ移す作業ができるようになっている（いつでも使える）。E児は，器用にお箸を使って作業をしている。途中で，「こっちも5個，こっちも5個，同じになった」と言う（数えている）。そして，保育者に「ちょうど半分こだね」と言われてうれしそうに微笑む。また，「どっちに入れてもまた10個になる」と保存の概念の成立もうかがえた。その後，F児が挑戦したが，お箸を持つ位置が悪く，うまくいかない。それを見ていたE児は，「お箸はバッテンにしない方が使いやすいよ。丸いものをつかめるようになると，他のものもつかみやすくなるよ」と教える。

写真6-5　5個と5個

　　　　　数：2等分できることが「半分」といわれることを実感する。連続量の理解と，数えながら移し替えることで分離量の理解も促す。

事例6-7　5歳児1・2学期

1学期

　カプラを，階段状に並べる（積み上げていく）が，最初は1枚，その次は2枚と1枚ずつ増やしていけばきれいに段になるという規則性を理解していて，数えながら2人の子どもが協力して段を高くしていく。

2学期

　ひらがなの表記のルールが，まだ完全でないことがわかる例。「好きな食べ物は，カレーライスです」と解釈できる。

写真6－6　カプラの階段

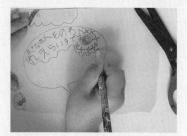

写真6－7　すきなたべものわかれえらいすです

　図形：「丸い形はつかみにくい」という発言は，球体の性質をとらえている。

1学期　数・図形：「1枚ずつ」という規則的な加法と，それによる，同じ割合での高さの変化が理解できている。23〜24位までは数えていたが，数えられなくなってくると，出来上がっている部分の側面をきちんと合わせ，形を見ながら順序性が保たれているか確認する。前の段より低かったり同じだったりすると，「足りない」と言って差を測ってカプラの枚数を増やし，「同じ割合」で段が高くなっていることを見定めてから次につなげていく。

2学期　文字：吹き出しをカレーライス風にデザインしてカレーライスが好きなことを伝えようと，自分の気持ちを文字にのせてみる。しかしまだ，文をつなぐときの「わ」を「は」と表記することを知らない。また，文節もわからず話し言葉をそのまま文字で表している。ただ，きちんとひらがなが書けているので，読む力はついていると推察できる。

●演習課題

課題1：自然の中にある形や街の中にある幾何学模様（図形）をみつけてみよう。

課題2：4歳児，5歳児それぞれを対象にした，文字環境を活かした教材を考えてみよう。

課題3：運動会の紅白の人数を同数に分ける場合，それを子どもたちで考えられるような指導（法）・援助について話し合ってみよう。

●参考文献

筑波大学附属小学校算数研究部「図形を究める」算数授業論究，vol.16，2016.

中沢和子・丸山良平著『保育内容　環境の探究』相川書房，1998.

平山許江著『幼児の「かず」の力を育てる』世界文化社，2015.

平山許江著『幼児の「ことば」の力を育てる』世界文化社，2015.

武藤　徹・三浦基弘編著『算数・数学用語辞典』東京堂出版，2010.

『新編　あたらしいさんすう１上・下』東京書籍，2015.

フリッツ　ラインハルト，長岡昇勇・長岡由美子訳『学校数学事典』共立出版，2014.

マイケル　トマセロ，松井智子・岩田彩志訳『コミュニケーションの起源を探る』勁草書房，2013.

マイケル　アティヤ，志賀浩二編訳『数学とは何か』朝倉書店，2010.

コラム　　遊びながら文字・数・図形にふれる意味

　文字・数・図形の学びというと，保育の場でも，教科前教育をしなければならないようなイメージになります。実際，そういう形で取り入れている保育の場もあります。「『お勉強』のようにならないようにしている」とうたうところでも，遊具を用いるだけで，内容は算数だったりします。しかし，算数の小学校１年生の教科書を見ると，例えば図形についての内容は，保育の場で幼児が遊んでいる姿と変わりません。空き箱製作や積み木を高く積むこと，一つの形だけで何かを表現すること（小学校では色板）等，幼児が遊びの中で楽しんでいることばかりです。算数科の低学年の目標には，領域と同じく「図形の感覚を豊かにする*1」，と明記されており，身の回りにあるものに触れながら理解することが重視されています。だから，教科書以外に，教室に折り紙やブロック，積み木等，図形の操作ができる教材を準備します。小学校１年生が，保育の場でいわれる，「いろいろなものを使って十分に遊び込む」ような経験を大事にしようとしているのです。それは，就学前に，習熟のみを目指してきた子どもたちが，教科教育になって，原理原則的な部分が理解できない，という憂慮すべき事態があるからです。就学前に遊びながら形の特徴を理解したり，工夫して使ったりすることがあって，論理が結び付きます。遊びの中で様々な事柄に触れることが知的活動の基盤になるのです。黒板に向かって問題を解いたり，プリントの中の事柄に付き合うことだけをしていたら，思考力や概念は形成されにくいのです。

　大分年月を経てから，筆者の算数に関しての疑問が（ずっと忘れていたことですが），解決されたことがあります。三角形の求積の公式を習った時に，「÷2」がどういうことなのかわかりませんでした。そういう時代だったのか，担任の指導法が原因なのかわかりませんが，ただ，「底辺×高さ÷2」と覚えるようにと言われたのでそう覚え，この疑問はそのままにされました。それが，算数の授業・教材研究に関する論考の中に三角形の求積の公式に関して子どもに公式を見出させる実践事例があり*2，すんなり納得したのと，こういう説明をしてくれたら他のこともももっとわかりやすくなったのではないか…と思ったりもしました。そして，折り紙を折る経験は，三角形の面積を考えるきっかけになることにも気付きました。こういったことから疑問の解決につながるような工夫や経験の機会を保育の場に用意する必要性を改めて感じます。「そうやって覚えればいい」では，子どもが自ら考える力は育たないでしょう。

　何より，文字も数も図形も，思考の道具・社会的道具である言語の性格を有しています。言葉を使いながらそれらに触れることで，理解が深めていけます。

　　*1　文部科学省『小学校学習指導要領』（第2章 第3節算数），2017.
　　*2　大野 桂「図形を生かす-図形領域と他領域との関わり-」算数授業論究，vol.106，2016，pp.28-31.

第7章 小学校教育との連携と保育内容「環境」

本章では，まず小学校教育と保育との違いを明らかにした上で，なぜ近年，小学校教育と保育との連携の必要性が高まっているのか，どのように連携をしていくことができるのかについて論じていく。また，小学校と保育の場（幼稚園，保育所，認定こども園をいう）ではどのようなことを大切にして教育・保育を行っているのか，生活や遊びを通して得られる保育の場での経験が小学校以降の学びへとどのようにつながっていくのかについて，実践例を基に保育内容「環境」の視点から明らかにしていく。

1 小学校教育と保育

　1990年代後半頃から，小学校へ入学した子どもたちが「集団行動がとれない」，「授業中に座っていられない」，「先生の話を聞かない」等，小学校入学後の生活になじめない状態が続くことを「小1プロブレム」という言葉を用い，社会問題の一つとして取り上げられるようになった。保育の場から小学校への移行の際に生じる子どもたちの不適応の状況は現在も変わっておらず，小学校現場では深刻な問題となっている。保育の場における子どもたちの生活や学びの方法は，小学校とは大きく異なっているが，近年ではその問題を克服するべく，小学校と保育の場との接続・連携に対する取り組みが行われてきている。

　では，小学校と保育の場での教育目的や教育方法等は，何がどのように違うのであろうか。また，どのような社会的背景から，小学校と保育の場との接続・連携がより重要とされてきたのであろうか。さらに，これらの隔たりを乗り越え，子どもたちの発達や学びの連続性を保障していくためには，小学校と保育の場とは具体的にどのような接続・連携をしていくべきなのだろうか。

（1）小学校教育と保育の違い

　保育の場における子どもたちの生活や学びの方法が小学校とは大きく異なることは，これまでの経験から漠然と理解することができるであろう。では，具体的に何がどのように異なるのであろうか。ここでは，保育・教育の「目的・目標」，「方法」，「評価」の視点から両者の違いを明らかにしていく。

1）保育・教育の目的・目標

　学校教育法第30条第2項には，小学校の目標として「生涯にわたり学習する基盤が培われるよう，基礎的な知識及び技能を習得させるとともに，これらを活用して課題を解決するために必要な思考力，判断力，表現力その他の能力をはぐくみ，主体的に学習に取り組む態度を養うこと」と記されており，各教科等の学びを通して学習の基盤を育成することが記されている。

　また，児童福祉法第39条の2には，幼保連携型認定こども園の目的として「義務教育及びその後の教育の基礎を培うものとしての満三歳以上の幼児に対する教育及び保育を必要とする乳児・幼児に対する保育を一体的に行い，これらの乳児又は幼児の健やかな成長が図られるよう適当な環境を与えて，その心身の発達を助長すること」と記されている。そして，学校教育法第22条には，幼稚園の目的として幼保連携型認定こども園とおおよそ同様のことが記されている。さらに，幼稚園教育要領（以下，教育要領）や保育所保育指針（以下，保育指針）等の目標に関する記述では，「生涯にわたる人格形成の基礎を培う」，「生命の保持及び情緒の安定を図る」，「心身の健康の基礎を培う」，「道徳性の芽生えを培う」，「豊かな心情や思考力の芽生えを培う」，「言葉の豊かさを養う」，「創造性の芽生えを培う」，「小学校以降の生活や学習の基盤の育成」，「創造的な思考や主体的な生活態度などの基礎を培う」等 [1]，保育の場での生活や遊びを通して，子どもが現在を最も良く生き，望ましい未来をつくり出す力となる「生きる力の基礎」を育むことが主に記されている。

　以上のことから小学校では，各教科等における学習を通して「生きる力」を育むこと，そして保育の場では，保育の場における身近な生活や遊びを通して「生きる力の基礎」を育むことを目標としていることがわかる。

2）保育・教育の方法

　小学校における学びの中心は「授業」であり，それは各教科等により行われる学習活動である。この学習活動は，一人の教師が言葉を用いて，前もって計画された学習内容を教室内の児童たちへ教授するという指導方法を基本として

1）文部科学省『幼稚園教育要領』2017.
　厚生労働省『保育所保育指針』2017.

いる。ここでは直接的で言語指示的な指導が中心であり，教科ごとに決められた授業時間や時数の中で，計画された学習内容を学級という集団に対してどれだけ効果的に教授できるかが重要となる。教科書や算数セット等の学習教材は，基本的に各教科等の授業内にて学習内容を修得するために用いられており，それ以外で用いることはほとんどない。また，各学年における各教科の学習内容は，小学校学習指導要領（以下，学習指導要領）にて詳細に定められており，その内容を受けて具体的な指導計画案を作成し，その学習内容の特質に沿って系統的・発展的な指導を行っていく。そのため，小学校教育における各教科等の目標は，各教科等や各学年等において修得するべき学習内容を示した「達成目標」となっている。

　その一方，保育の場における学びの中心は「生活」と「遊び」であり，ものや人等の様々な周囲の環境と出会い，それらとの直接的・具体的な体験を通して行われる乳幼児期の特性を踏まえた教育活動である。保育の基本は，「環境を通して行う教育（保育）」といわれるように，この学びは，子どもたちに望ましい発達を促すために必要な経験ができるよう保育者（幼稚園教諭，保育士，保育教諭をいう）が園内の環境を構成し，子どもたちが生活や遊びの中でこれらの環境に主体的に関わっていくことを通して，ねらいを総合的に達成していこうとする指導方法を基本としている。ここでは，環境との相互作用を通して行われる間接的な指導が中心であり，子どもたちの生活にとって無理のない，ゆるやかな時間の中で，保育者が環境の中に教育的価値を含ませながら，子どもがその環境に対して興味や関心をもって自由に関わり，試行錯誤を繰り返しながら，環境へのふさわしい関わり方を身に付けていくことを意図している。このことからも，保育における教材は保育の場の環境の全てであり，子どもにとって意味あるものとなり，それに対して主体的に関わろうとすれば，保育の場の環境にある全てが潜在的に教材となり得るということである。また，保育の場における保育内容は，教育要領や保育指針等によって定められているものの，そのねらいや内容は小学校のように各教科や各学年で詳細に決められているのではなく，保育の場での生活全体を通して子どもに育つことが期待される事柄として5つの「領域」（健康，人間関係，環境，言葉，表現）が示されている。この「領域」という観点は，保育者の指導の目標として掲げられ，それに沿った活動を子どもたちにさせるように指導するためのものではなく，作成された指導計画に従って，子どもたちの生活の仕方や遊びの展開から生じる総合的な経験を「領域」という観点からとらえ，子どもの発達に関わる様々な側面を読み取ることで，その後の子どもたちがより豊かな経験をしていけるよう活動を方向付けたり，援助するためのものなのである。そのため，保育における目標

（ねらい）は，乳幼児期に期待される子どもの育ちの方向性を示した「方向目標」となっている。

　2017（平成29）年に改訂（定）された学習指導要領，教育要領，保育指針等では，学習内容を人生や社会の在り方と結び付けて深く理解し，これからの時代に求められる資質・能力を身に付け，生涯にわたって能動的に学び続けることができる「主体的・対話的で深い学び」を実現するために共有すべき授業改善の視点，いわゆる「アクティブ・ラーニング」が提示された。これには特定の型や指導方法があるのではなく，子どもたちの発達段階や各教科等の学習内容，単元等に応じ，子どもの学びの過程を質的に高められるように，学級やグループの中で協働的に学んだり，地域における体験活動を導入して学びをより深められるよう指導したり等，工夫して実践していくことが求められている。

3）保育・教育の評価

　小学校における学習の評価は，一定の集団における他者との相対的な位置付けはせず，子ども一人一人の学習の到達度を適切に評価しようとする「目標に準拠した評価」（いわゆる絶対評価）により行われている。そして，各教科等の学習評価は，学習指導要領に示されている目標に対する実現状況を分析的に評価する「観点別学習状況の評価」により行われている。この学習評価は，子どもの学習過程や成果を評価し，その後の学習の定着や意欲の向上を図るためだけに行われるのではなく，教師の指導方法を改善したり，子どもに対するきめ細やかな指導を充実させる等，「学習指導」と「学習評価」の一体的な取り組みを図るために重要な役割を担っている。

　保育における評価は，他児と比較して優劣を付けるようなものではなく，一人一人の子どもが保育の中でどのように生活し，発達しているかをとらえるために行われるものである。また同時に，この一人一人の子どもの発達する姿に照らして，指導計画で設定した具体的なねらいや内容，保育者の関わり方等は適切であったかどうか反省し，指導の改善を行うためのものでもある。このように保育における評価は，指導の過程の全体に対して行われるものであり，子どもの発達の理解と保育者の指導の改善という両面から検討を行い，よりよい保育を行うための手掛かりを見出す等，「保育」と「評価」を一体的に行っていくことが求められている。

　以上のように，小学校と保育の場では，評価の方法等は異なるものの，「指導（保育）」と「評価」を一体的に行い，指導の充実を図ろうとする評価を行う目的は，同様であるといえる。

（2）子どもを取り巻く環境の変化に応じた保育の場の機能の拡充

　小学校と保育の場との接続・連携の必要性については，これまでも多くの研究者や実践者によって指摘されてきた。しかし，園文化から学校文化という異なる文化への移行は，地域の生活環境，保護者や地域の人々の支えによって保障されていたため，これまで大きな問題となることはほとんどなかった。

　だが近年では，少子化，核家族化，都市化，情報化，国際化等により社会環境が急激に変化し，人々の価値観や生活様式が多様化しており，それに応じて子どもたちが育つ環境にも大きな変化が生じている。例えば，少子化や核家族化の進行により，同年齢や異年齢の仲間集団を作り，互いが影響し合って遊び込む等の機会が減少することで，子どもたちが多様な体験をする機会が失われてきている。また，都市化の進展により，身近な自然や空き地が減少し，子どもたちが集まって自由に遊べる空間が失われてきている。さらに情報化の進展により，屋外での遊び場を失った子どもたちは孤立化し，テレビゲームやスマホゲーム等の室内の遊びを楽しむようになってきている。加えてインターネットの普及により，より有効な情報を早く効率的に入手することがよいとされ，できるだけ無駄や失敗を省いて苦労せずに目標に到達しようとする発想を生んでいる。努力することや繰り返し頑張るといった姿勢や考えは排除され，結果として学びに対する意欲や関心を低下させることとなっている。

1）教育力の低下と保育者の資質向上の必要性

　このような社会環境の変化に伴い，地域社会や家庭の教育力も低下してきている。例えば，核家族化の進行や地域とのつながりの希薄化等により，子育ての悩みを相談したり，手助けをしてもらう相手が身近に存在しないことで，子育ての喜びを他者と共有したり，実感を得ることが難しくなっている。そしてストレスや孤立感，育児不安を募らせていき，結果として子どもに虐待をしてしまう保護者が増えている。2021（令和3）年度の児童相談所での児童虐待相談対応件数は 207,660 件であり，統計を取り始めた 1990 年度の件数（1,101 件）と比べると約 189 倍，10 年前とは約 3.5 倍も増加している[2]。また，情報化や国際化が進展し，労働時間の増加や労働形態が多様化したことで，保護者が子どもと一緒に遊んだり，食事をしたりする等，親子が共に過ごす時間を十分に取れなくなってきている。

　さらに，このような社会変化に伴う新たな課題に対応するための能力や資質を十分に備えていない保育者も少なからず存在している。近年では，保護者に対する子育て支援，特別な配慮を必要とする子どもへの対応，子どもの生活の

2）厚生労働省「令和3年度の児童相談所での児童虐待相談対応件数」2022.

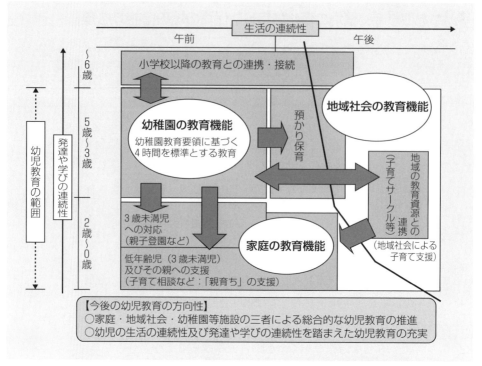

図7－1　幼児の生活の連続性及び発達や学びの連続性の関係

出典）中央教育審議会「子どもを取り巻く環境の変化を踏まえた今後の幼児教育の在り方について」（中間報告），2004 を基に作成した。

　　連続性を踏まえた家庭や地域社会との連携，小学校との接続・連携を推進する力等，保育者にはより深い専門性と総合的な力量が求められており，現在の保育者がそれらの課題に十分に対応できるのかが懸念されている。

　　このように，子どもを取り巻く環境の急激な変化が，保育の場，家庭や地域の教育力低下を招き，それが子どもの育ちに大きな影響を与える結果となっている。

2）取り巻く環境の変化への対応

　　このような状況を鑑み，2005（平成17）年の中央教育審議会答申「子どもを取り巻く環境の変化を踏まえた今後の幼児教育の在り方について」では，取り組むべき3つの課題として「幼稚園等施設の教育機能の強化・拡大」，「家庭や地域社会の教育力の再生・向上」，「幼児教育を支える基盤等の強化」を掲げ，幼稚園等施設が中核となって家庭や地域社会の教育力を再生・向上させること，幼児教育と小学校教育との接続・連携を強化・改善すること等，今後は幼稚園等施設の教育機能を強化，拡大していくことが必要であるとしている（図7－1）。

　そして，2006（平成18）年に改正された教育基本法第11条では，「幼児期の教育は，生涯にわたる人格形成の基礎を培う重要なものである」とされ，保育の場の教育のみならず，家庭や地域社会において幅広く行われる幼児期の教育の重要性が規定された。続いて2007（平成19）年に改正された学校教育法第22条では，「幼稚園は，義務教育及びその後の教育の基礎を培うもの」とされた。このように保育の場は法律上，小学校以降の教育や人格形成の基礎を培うものであることと位置付けられることとなったのである。

　また，2008（平成20）年に改訂された教育要領では，「幼稚園においては，幼稚園教育が，小学校以降の生活や学習の基盤の育成につながることに配慮し，幼児期にふさわしい生活を通して，創造的な思考や主体的な生活態度などの基盤を培うようにすること[3]」とされ，幼稚園教育が小学校以降の生活や学習の基盤を育成することが初めて明記された。そして，同年に改定された保育指針〔第3章 保育の内容2（4）ケ〕にも，教育要領同様の文言が明記された。これらの基本的な理念や考え方は，2017（平成29）年改訂（定）の教育要領や保育指針等にも反映されている。

3）文部科学省『幼稚園教育要領』〔第3章第1 1(9)〕2008.

　以上のことから，小学校と保育の場との接続・連携の必要性は，社会環境や子どもを取り巻く環境の変化による保育の場，家庭や地域社会の教育力の低下等に応じて高まってきたものであることがわかる。保育の場，家庭と地域社会の三者が連携し，子どもの生活，発達や学びの連続性を確保することで，子どもの健やかな発達を支えていこうとする保育の場の機能の拡充を行う施策の一つとして提起されたものなのである。

（3）小学校教育と保育の場との接続・連携

　前項では，小学校と保育の場との接続・連携の必要性が，どのような社会的背景により生み出されてきたのかについて論じた。2008（平成20）年に改訂（定）された学習指導要領，教育要領，保育指針等には，このような背景から小学校教育と保育の場との連携・接続の必要性が初めて明記されるようになったのだが，2017（平成29）年の改訂（定）では，小学校と保育の場との接続・連携についてどのような内容が記されたのであろうか。また，保育者は，小学校と保育の場との接続・連携を，どのような点に配慮して進めていけばよいのであろうか。

1）学習指導要領等の改訂と学校等段階間の接続・連携

　現代社会が急激に変化していくなか，子どもの育ちや子育てに関する課題は，より複雑かつ困難化しており，学校や保育の場が果たすべき社会的役割も

一層増加している。こうした状況を踏まえ，2016（平成 28）年には中央教育審議会答申「幼稚園，小学校，中学校，高等学校及び特別支援学校の学習指導要領等の改善及び必要な方策等について」が出され，この内容を受けて学習指導要領，教育要領，保育指針，幼保連携型認定こども園教育・保育要領の改訂（定）が 2017（平成 29）年に一斉に行われた。この改訂（定）の基本方針の一つとしてあげられたのが，「小学校教育と保育との円滑な接続の推進」である。

　教育要領では，小学校教育との接続に当たっての留意事項として，「幼稚園教育において育まれた資質・能力を踏まえ，小学校教育が円滑に行われるよう，小学校の教師との意見交換や合同の研究の機会などを設け，『幼児期の終わりまでに育ってほしい姿』を共有するなど連携を図り，幼稚園教育と小学校教育との円滑な接続を図るよう努めるものとする [4]」としている。ここでは，教育要領の中に「幼児期の終わりまでに育ってほしい姿」を初めて明記することで，この内容を手掛かりに小学校と幼稚園の教師が幼児の学びの特徴や発達の流れを共有すること等を通して，互いの教育内容や指導方法の違いや共通点について理解を深め，幼稚園教育と小学校教育との円滑な接続を進めていこうとしている。この内容は，学習指導要領，保育指針等にも同様のことが記されている。

　また，学習指導要領では，学校段階等間の接続について，「（前略）低学年における教育全体において，例えば生活科において育成する自立し生活を豊かにしていくための資質・能力が，他教科等の学習においても生かされるようにするなど，教科等間の関連を積極的に図り，幼児期の教育及び中学年以降の教育との円滑な連携が図られるよう工夫すること。特に，小学校入学当初においては，幼児期において自発的な活動としての遊びを通して育まれてきたことが，各教科等における学習に円滑に接続されるよう，生活科を中心に，合科的・関連的な指導や弾力的な時間割の設定など，指導の工夫や指導計画の作成を行うこと [5]」としている。ここでは，保育の場における生活や遊びを通して育まれてきたことを基礎として，小学校へ入学した子どもが各教科等（国語科，算数科，音楽科，図画工作科，体育科，道徳，特別活動）における学習へと円滑に接続できるよう，いわゆる「スタートカリキュラム」を編成し，生活科を中心とした合科的・関連的な指導等を工夫して行うことが求められている（図 7 - 2）。

　このように，2017（平成 29）年の改訂（定）では，教育要領や保育指針等において「幼児期の終わりまでに育ってほしい姿」がまとめられ，幼児期の学びや発達の流れに対する共通理解が図られるようにしたり，学習指導要領において生活科を中心とした「スタートカリキュラム」を編成することが記され，幼児期の学びを各教科等の特質に応じた学びにつなぐよう工夫したり等，小学校

4) 文部科学省『幼稚園教育要領』〔第 1 章　第 3 5(2)〕，2017.

5) 文部科学省『小学校学習指導要領』〔第 1 章　第 2 4〕，2017.

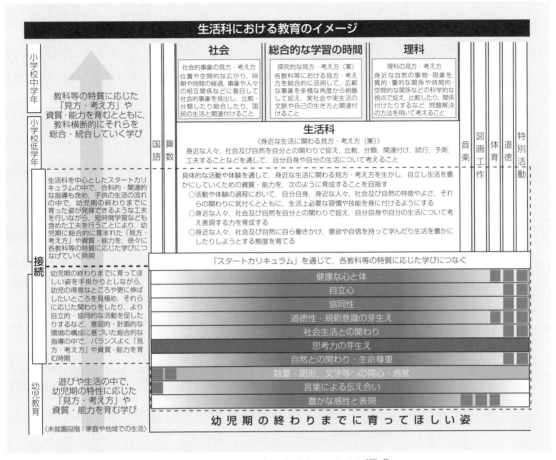

図7−2　スタートカリキュラムの編成

出典）中央教育審議会「幼稚園，小学校，中学校，高等学校及び特別支援学校の学習指導要領等の改善及び必要な方策等について（答申）」（別添資料7−2），2016 を基に一部改変して作成した。

教育と保育の場との連携・接続の一層の強化が図られていることがわかる。

2）小学校教育と保育の場との接続・連携のポイント

　では，小学校教育と保育の場との接続・連携は，どのような点に配慮して進めていけばよいのであろうか。

　まず，小学校教育と保育の場との円滑な接続を図るためには，両者の緊密な連携が不可欠である。そのため，幼稚園幼児指導要録や保育所児童保育要録等の活用，小学校の教師と保育者との意見交換会や合同研究会，保育・授業参観，幼児と児童との交流会の機会を設ける等，無理のない範囲から具体的な取り組みを始め，互いの理解を深めていきながら，交流→連携→接続へと進めていくことが大切である。この際，特に幼児と児童との交流会等の活動は自己目的化しやすく，交流会をすること自体に焦点が当たってしまうことも多いた

め，教師や保育者が活動に対する目的をしっかりと定めた上で，活動を行っていくことが必要である。

　また，これまでも論じてきたように，小学校教育と保育の場では，子どもの発達時期の特性に応じて，保育・教育の目的・目標，指導方法，評価等が異なっているが，この「違い」を両者が具体的に理解すると同時に，この「違い」を越えて目的・目標を連続性・一貫性をもって構成し，幼児期から児童期の子どもの発達や学びの連続性を保障するために協働していくことが求められる。そのためにも保育者は保育の場において，遊びや生活での具体的な経験が小学校での学びへどのようにつながっていくのかを理解し，保育していくこと，また，小学校教育において教師は，保育の場における遊びや生活での経験から子どもたちは具体的に何を育み，何を学んできたのかを理解し，指導していくことが必要である。保育者と小学校教師は，いずれも各段階の教育の独自性を尊重しつつも，子どもの発達過程を長期的な視点でとらえ，保育の場から小学校へと見通しをもった接続カリキュラムを編成し，体験的・総合的な学びから意図的・系統的な学びへと徐々に移行できるよう工夫していくことが大切である。

2　保育内容「環境」の視点と小学校教育

　領域「環境」では，「(1) 身近な環境に親しみ，自然と触れ合う中で様々な事象に興味や関心をもつ。(2) 身近な環境に自ら関わり，発見を楽しんだり，考えたりし，それを生活に取り入れようとする。(3) 身近な事象を見たり，考えたり，扱ったりする中で，物の性質や数量，文字などに対する感覚を豊かにする[6]」，この3つがねらいとしてあげられている。生活や遊びを通して，知識や技術の獲得だけに重点を置き評価していくのではなく，気付いたり発見したりする喜びや，考えたり工夫したりすることの面白さを感じることで，多様な環境に自ら関わっていく意欲が育まれることを重要視している。こうした経験こそが小学校以降の「生きる力」の育成に重点を置いた学習への基礎となり，その後の学びにつながっていく。

(1) 保育におけるアクティブ・ラーニングの実践

　2017（平成29）年の学習指導要領や教育要領，保育指針等の改訂（定）により，ますます「アクティブ・ラーニング」への注目は高まってきている。その実践方法や内容の取扱い等については様々な議論がなされているが，教師や保育者の適切なはたらきかけが期待されていることは間違いないだろう。学習活動や保育活動の場面における子どもたちの「主体性」は十分に尊重をした上

6) 文部科学省『幼稚園教育要領』（第2章 環境 1 ねらい），2017.
　厚生労働者『保育所保育指針』〔第2章 3 (2) ウ (ア)〕，2017.
　内閣府等『幼保連携型認定こども園教育・保育要領』（第2章 第3 環境 1)，2017.

で，より「対話的で深い学び」となっていくためには，環境構成や言葉がけの仕方を，子どもたちの実態に即して工夫していくことが必要である。

　改訂（定）以前より保育の場では，子ども自身が様々な事象に気付くよう問いかけることや興味や関心をもって関わる意欲を育てることは大切にされてきた。その具体的な場面や保育者の援助について事例から考えていきたい。

1）自然を使った遊び

事例7−1　草相撲遊びを通した自然との関わり

　初夏の頃，H幼稚園の5歳児たちが，緑の多い大きな公園へ園外保育に出かけた。園庭よりも広く，木漏れ日が眩しいきれいな風景に興奮した子どもたちは，はじめのうちは草地の上を走り回って楽しんでいた。少し時間が経った頃，保育者は草相撲遊び*1を数人の子どもたちと始めた。子どもたちは手当たり次第，植物を見つけては保育者に草相撲を挑んでみたが，なかなか勝つことができない。するとある子どもが，保育者は茎のしっかりした「オオバコ」を選んでいることに気が付いた。たちまち遊びは他の子どもたちへも伝わり，オオバコを探すことに夢中になった。何度か遊びが繰り返されるうちに「（茎を）長めに取った方がいいよ」，「太い方が強い」等，子どもたち同士で気付いたことを伝え合いながら遊ぶようになっていった。

　最初は足元にあっても気付かなかった植物であったが，草相撲という遊びを知ることで，「オオバコ」の特徴に着目し，多数生えている植物の中からそれらを探すという視点をもって自然に関わるきっかけとなった。こうした遊びの中でじっくりと植物を観察する機会を得たことで，オオバコ以外の

写真7−1　草相撲遊び

＊1　草相撲遊び
　茎の長い植物を1人1本持つ。それを交差させて両手で持ち，「はっけよい，のこった」の合図で互いに引っ張る。茎が切れなかった方が勝ちとなる。この遊びにはオオバコがよく使われるが，代わりに松葉を使って遊ぶこともある。

植物に対しても様々な気付きがあった。「この実は家の近くにもあった，何ていう名前の実かな」と疑問をもったり「恐竜の足跡みたいな形の葉っぱだね」とイメージを膨らませて楽しんだりと，子どもそれぞれが関心のあることへと発展させて活動を楽しんだ。

　こうした自然を感じる活動は，何も特別な環境でしか行えないわけではない。園庭や身近な公園にもきっかけとなる動植物は成育している。室内にいても日光や風等を感じることができる。日常生活の中で当たり前となっている「環境」に対して，どのような切り口で関心を向けていくか，保育者の関わり方を工夫することによって新たな学びにつながることが期待できるのである。

2）ビー玉転がし

事例7－2　色々な素材を使って，ビー玉転がしを楽しむ

　5歳児のA児とB児が，自由遊びの時間にビー玉転がしをしている。ラップの芯や牛乳パック等の遊び慣れた廃材や，自由に使うことのできるセロハンテープ等を使いながら，できるだけ長くビー玉が転がるよう道を作ろうとしていた。その様子を見ていた保育者は，翌日，普段は水遊び等に使っている雨樋（あまとい）と，大型積木，ガムテープをクラス内に準備しておいた。気付いたA児とB児は，早速それらと廃材を組み合わせて，より面白いコースになるように工夫して遊び始めた。目新しい素材が出てきたことで，遊びに魅力を感じた他の子どもたちも数名加わった。

　何度か試していると，ビー玉がコース外に出てしまう時とそうでない時とがあることがわかってきた。子どもたちはその違いがどこにあるのかを考え，話しながら，ビー玉を転がすスタート地点の高さを変えたり，素材を他のもので試したりすることを繰り返し楽しんでいた。

写真7－2　ビー玉転がし

　ここで保育者は，物的な環境を整えるという形で援助を行っている。元々遊びの環境として，いつでも好きなように使えるように廃材を用意していた。子どもたちはまずは使い慣れたそれらを生かして遊んでいたが，慣れているがゆえに，使い方はいつも遊んでいる方法とあまり変わり映えはしなかった。そこで普段はクラスに置いていない遊具や素材を整えることで，遊びに使える物の範囲が広がり，素材や方法を変えながら様々な遊び方を試していくことができた。多様な素材や方法に触れることにより，それぞれの物がもつ性質や，様々な条件における事象に着目する機会にもなった。

　また，この事例では，新しい素材を取り入れることによりA児とB児の遊びに注目が集まり，複数の子どもたちが関わる遊びへと発展していった。これまでは解決できなかった課題に対し，他の友だちの視点やアドバイスが加わり，気付いたことを言葉等にして伝え合いながら，工夫を重ねていくことで，新たな気付きが生まれることにつながっているのである。

　2017（平成29）年の改訂（定）において，教育要領や保育指針等にまとめられた「幼児期の終わりまでに育ってほしい姿」は，活動を通して様々な資質・能力が育まれている子どもたちの小学校就学始期の具体的な姿として示された。接続を意識したカリキュラムを構想していくにあたって，特に5歳児のカリキュラムについては就学前の学びが小学校の生活や学習へと生かされていくよう一つ一つの活動を意識していく必要があるが，教育要領の「健康な心と

体」についての説明に「自分のやりたいことに向かって[7]」という言葉がある。「幼児期の終わりまでに育ってほしい姿」にこだわるあまり，子どもの興味や関心が後回しになっては本末転倒である。事例7-1，7-2ではそれぞれの遊びにおいて，植物の組織の名前やビー玉の転がる際の物理的な法則等の正確な「答え」を理解することを目的とはしていない。じっくり見て，気付いたことや，試行錯誤を繰り返すことでわかったことが，後々の生活や学習への関心へと結び付いていくことが期待されている。また，学習活動が受け身のものではなく，自らが関心をもってはたらきかけることで，様々な方向から考えることが可能であることを知ることもできるのである。

7）文部科学省『幼稚園教育要領』〔第1章第2 3(1)〕2017.

（2）小学校におけるアクティブ・ラーニングの実践

前節（p.99〜）で述べたように，小学校へ入学した子どもが各教科等における学習へと円滑に接続できるよう，いわゆる「スタートカリキュラム」を編成し，生活科を中心とした合科的・関連的な指導等を工夫して行うことが求められている。幼児期の生活や学びと小学校生活とを切り離してしまうのではなく，幼児期に経験してきたことを踏まえて，小学校の学習に反映させていくことを重視しているのである。もちろん，生活科だけで連携を意識していくのではなく，他教科や高学年における総合的な学習の時間における学習意欲の基礎を育む意味でも幼児期からの学びがつながっていくことは非常に重要である。

1）学校探検

事例7-3　学校を探検することで学ぶ

K小学校では，毎年1年生が入学すると，生活科の中で「学校探検」を行うことが通例となっている。この時間は，クラス担任が小学校での基本的な生活について日常的に指導を行うことに加え，2年生の児童が1年生とペアまたは2対2の小グループになり活動を行う。入学して間もない1年生を2年生がエスコートし，校内の様々な場所を案内する。「先生たちがいる職員室」「体育の時に使う運動場」等，生活をする上で必要な場所を教えたり，学校生活を送る上での決まりごとを伝えたりと，実際に体験しながら学んでいく。

中には，案内する予定の場所には入っていない場合でも，畑の側を通った時には自分たちが行っている栽培活動や，前年度の行事の様子等を話すことを楽しんでいる2年生の児童もいた。

小学校入学当初においては，前述のとおり，生活科を中心とした「スタートカリキュラム」の充実が期待されている。これから始まる小学校生活の基盤として，知っておく必要のある場所や決まりごとを学校探検のような活動の中で伝えていくことは有意義であると考えられる。その際，ただ単に小学校に慣れ

ることだけを目的としているわけではない。そこで 1 年生の児童は，自分を取り巻く様々な環境を理解する。その後，生活に関係の深いそれぞれの場所に関心をもって関わったり，季節や行事等によって変化する学校の様子に気付いたりと，乳幼児期に培った環境への関心，環境を通した学びを発揮していくことが期待されている。

　また 2 年生の児童が，案内したり教えたりするよう教師から事前に指導を受けた内容以外でも，1 年生に伝えようとする姿がみられた。学校探検は 1 年生のために行うという視点ではなく，案内をする 2 年生側も，前年度の生活科やその他の教科から学んだことを積極的に発信していくことを楽しもうとする意欲をもっていたと考えることができる。

2 ）運動会で行うプログラム内容の考案

事例 7 － 4　児童がプログラム内容を考える試み

　K 小学校の 5 年生は総合的な学習の時間を利用し，運動会で行われる体操の演技についての相談を行った。教師がある程度決めたプログラムを児童が練習をするという方法ではなく，プログラムの一部を児童に任せる方法を試みた。グループでの話し合いの際，思いつくままに発言するのではなく，実現が可能かどうかを話題とするグループも多くあった。互いの意見を聞きながら話し合っていく中で，フープや一輪車，跳び箱等，日常的に遊びとして親しんでいる活動を取り入れ，従来行われてきたような「見せるための演技」にこだわらない，プログラム構成が提案された。

　　運動会のような学校全体で行われる行事は，児童たちにとっても特別なもので，来賓や保護者等，普段学校にいない人たちが見に来るということも，プログラム内容を考えていく上で多少影響すると想像できる。この話し合いの様子をみると，児童たちが日常的に楽しんで行っていることに充実感があり，それらが自分たちの成長や学びの成果として披露（ひろう）できるものであるととらえていることがわかる。保育の場におけるカリキュラムと小学校のカリキュラムとでは同じ「教科」としての連続性では示されてはいない。しかし，こうした話し合いの姿からは，事例 7 － 2 において幼児たちが身の回りの素材や友だちの意見を生かしながらビー玉転がしのコースを作り上げていくようなプロセスと似たものを感じる。児童たちは，成長によって変化した，自身を取り巻く環境に適応させつつ学びを深めていると考えられる。

　　それぞれの保育の場は，各園の保育理念や独自のカリキュラムに基づいて保育を行っている。そのため，入学した子どもたちが必ずしも同じ内容を学びえ

ているわけではないところに，小学校との連携の難しさが感じられる。しかしこれらの事例のように，自分を取り巻く環境に関心をもち，自ら関わろうとすることや，対話をしながら活動（遊び）を作り上げた経験を生かすことにおいては乳幼児期から学びはつながっており，これを考慮した授業展開をしていくことが期待される。特に生活科や総合的な学習の時間では，児童自身が興味・関心のあるものや課題を見つけたり，それらに対して工夫を加えたりと児童主体による活動が多く取り入れられている。こうした中で，乳幼児期に培ってきた様々な経験や能力がより発展的な形で発揮されていることがうかがわれる。

（3）保育の場と小学校の交流会の実践

事例7－5　幼保小交流会で学校に親しむ

　I市では1年生が生活科の時間を利用し，4月から入学する地域の園の年長児を小学校に招待して一緒に過ごす「幼保小交流会」が行われている。1年生が中心となって活動をすすめ，小学校の様子を紹介したり，普段親しんでいる遊びを一緒に楽しんだりする。小学校の中では最も低学年である1年生が，その日ばかりは「小さい子のお世話をするんだ」とはりきって臨む姿がみられる。

　1年生は，けん玉や折り紙，かるた等，休み時間によく遊んでいるものを年長児にも貸して一緒に楽しんだ。年長児は園でも親しんでいる遊びに触れられるうれしさと，勉強ばかりをするものと思っていた小学校でも遊びの時間があることに驚きと安心を感じていた。

　教育要領等の領域「環境」には「日常生活の中で，我が国や地域社会における様々な文化や伝統に親しむ[8]」という内容が記されている。小学校という新しい生活に順応していく上で，知っている場所や人，親しんだ遊びがあることは，就学を控えた子どもたちにとって一つの安心材料になるといえる。また様々な保育の場や地域，家庭から入学してくる子どもたちを受け入れる小学校にとっても，子どもたちが共通して親しんだであろう遊びや経験を理解することで，学びの連続性を意識したカリキュラムの構築や授業展開が可能になる。

　多様な環境に対して関心を抱いたこと，面白さを感じたことが，主体的な学びへつながり，また保育者や友だちと関わる中で，それぞれの思いを伝えたり聞いたりすること，協力して成し遂げることから考えを広げ深めていく対話的な学びの実現へ，そして様々な考えを提案したり，試したりする機会を保障することで深い学びへとつながり，小学校以降の育ちへと接続していく地盤作りをすることに

8）文部科学省『幼稚園教育要領』〔第2章環境2(6)〕，2017.
　厚生労働省『保育所保育指針』〔第2章3(2) ウ（イ）⑥〕，2017.
　内閣府等『幼保連携型認定こども園教育・保育要領』〔第2章 第3 環境2(6)〕，2017.

写真7－3　交流会

なる。

　「幼保小交流会」は多くの地域において，就学前の幼児が小学校を訪れ，小学校の造りや1日の生活を体験する活動を取り入れている。しかし，毎年恒例として行われているこの行事にいつも課題として指摘されるのは，年1回のイベント的交流に留まってしまい，それぞれの育ちを共有するまでには至らないことである。保育の場・小学校においてそれぞれ教員・保育者は多忙な日々を送っており，交流会に向けて互いの予定を合わせて打ち合わせの時間を十分に取ることが非常に難しいのが現状である。子どもたちにとっての交流会の意義は，短い打ち合わせの中でもおおよそ共有されているが，交流会を通して具体的に育ってほしい姿や保育と小学校の発達の連続性についてまで話し合いを行って実施しているケースはまれである。実際に交流会中に見られる子どもの育ちや学びと考えられているものは，一過性のものである可能性もある。その前後の学びや発達を十分に知ってこそ，本当に交流会で子どもたちが育ったものや幼児期から小学校への発達過程をとらえることができるのである。子どもたちの姿をテーマとしながら，保育者・教員同士も対話を深めていくアクティブ・ラーニングの姿勢が求められている。

●演習課題

課題1：小学校教育と保育との違いについて，様々な点から確認してみよう。

課題2：幼稚園教育要領解説や保育所保育指針解説等には，小学校教育と保育の場との連携・接続についてどのような内容が記載されているか調べてみよう。

課題3：相互理解を図るため，実習園・実習校や地域で行っている具体的な取り組みについて話し合ってみよう。

●参考文献

小川博久・新井孝昭編著『環境』ひかりのくに，2002.

小川博久・小笠原喜康編著『教育原理の探求』相川書房，1998.

厚生労働省『保育所保育指針解説書』2008.

厚生労働省『保育所保育指針解説』2018.

国立教育政策研究所教育課程研究センター『スタートカリキュラムスタートブック-学びの芽生えから自覚的な学びへ-』2015，pp.10-11.

国立教育政策研究所幼児教育研究センター『幼小接続期カリキュラム全国自治体調査』，2016.

酒井　朗・横井紘子『保幼小連携の原理と実践-移行期の子どもへの支援-』ミネルヴァ書房，2011.

中央教育審議会「子どもを取り巻く環境の変化を踏まえた今後の幼児教育の在り方について」（答申），2005.

中央教育審議会「幼稚園，小学校，中学校，高等学校及び特別支援学校の学習指導要領等の改善及び必要な方策等について」（答申），2016.

無藤　隆「幼児教育と小学校教育の接続の展望」初等教育資料，No.954，2017，pp.108-115.

無藤　隆・汐見稔幸・砂上史子『ここがポイント！3法令ガイドブック–新しい「幼稚園教育要領」「保育所保育指針」「幼保連携型認定こども園教育・保育要領」の理解のために–』フレーベル館，2017.

文部科学省『小学校学習指導要領解説』2017.

文部科学省『幼稚園教育指導資料第 3 集 幼児理解と評価』ぎょうせい，2010.

文部科学省『幼稚園教育要領』2017.

文部科学省『幼稚園教育要領解説』2018.

文部科学省初等中等教育局幼児教育課『平成 26 年度 幼児教育実態調査』2015.

幼児期の教育と小学校教育の円滑な接続の在り方に関する調査研究協力者会議「幼児期の教育と小学校教育の円滑な接続の在り方について（報告）」2010.

コラム　　保育の場と小学校教育との連携・接続の状況

　2014（平成26）年5月，文部科学省は全国1,741市町村を対象に「幼児教育実態調査」を行いました。そこでは，幼稚園・保育所と小学校教育との連携・接続の状況についてアンケート調査を行っています。回答項目はステップ0からステップ4までの5つが用意され，ステップが上がるたびに連携から接続へと発展する過程をおおまかに示しています。結果は，以下のとおりです。

表7－1　幼稚園・保育所と小学校教育との連携・接続の状況

	連携から接続へと発展する過程のおおまかな目安	母数：市町村総数， （　）内は市町村数
ステップ0	連携の予定・計画がまだ無い	9.6%（168）
ステップ1	連携・接続に着手したいが，まだ検討中である	7.8%（136）
ステップ2	年数回の授業，行事，研究会などの交流があるが，接続を見通した教育課程の編成・実施は行われていない	59.6%（1,038）
ステップ3	授業，行事，研究会などの交流が充実し，接続を見通した教育課程の編成・実施が行われている	17.0%（296）
ステップ4	接続を見通して編成・実施された教育課程について，実施結果を踏まえ，更によりよいものとなるよう検討が行われている	4.5%（79）
幼稚園・保育所ともに未設置		1.4%（24）

出典）文部科学省『幼児教育実態調査』2015.

　アンケートの結果をみると，全体の81.2%の市町村（1,413市町村）では，何らかの形で小学校教育との連携・接続が行われていることがわかります。しかし，2年前〔2012（平成24）年〕の調査結果と比較してみると，ステップ0から10.7%，8.7%，62.1%，13.8%，3.2%，1.5%と連携・接続は進んではいるものの，大きく進展していないことがわかります。これは，連携手法を模索し，「子ども同士の交流」や「保育者と小学校教師との交流」等の比較的実行しやすい取り組み（ステップ2）までは行われているものの，接続を見通した教育課程の編成・実施という具体的な手立てを構築していくことは，躊躇しているようにもみえます。今後は，より一歩踏み込んだ連携・接続へと進めていけるよう，交流活動等を通して各段階の保育や教育の独自性への理解を深め，子どもの育ちや育みたい資質・能力等についてのイメージを共有していくことで，最終的には保育の場と小学校教育の質の向上に取り組んでいくことが求められます。

第8章 子育て支援と保育内容「環境」

子どもを取り巻く環境の変化に応じて，子どもや家庭を支援する力を身に付けることも今の保育者（幼稚園教諭，保育士，保育教諭をいう）には求められている。現代は子育てに不安を抱き，孤立しやすい状況の中にある保護者が多く，身近な支援を必要としている。保育者は保護者との信頼関係を築きながら，保護者が安心して子育てできるよう，保護者同士をつなぐ場や子育て情報の提供等，子育て支援のための園内外の環境づくりを行っており，それらが子どもの育ちを支えている。

1 子育て支援と環境

保育における環境には大きく分けると物的環境と人的環境・空間的環境があるといわれている。保育者は子どもやその保護者を取り巻く環境として存在する人的環境にあたるが，保育者がクラスや保育の場（幼稚園，保育所，認定こども園をいう）の中で醸し出す雰囲気といった空間的環境としてみた場合でも重要な存在である。保育者の子どもたちや保護者への関わり方，また保育環境の提供の工夫によって，保育の場を共にする者にとって居心地がよく，拠り所として感じるものにもなっていく。

2008（平成20）年の保育所保育指針の改定においては，保育の場における子育て支援の充実・努力義務が示された。また，2017（平成29）年告示の3つの告示文書[*1]においても，保育者が地域の子育て家庭含めての子育て支援を家庭と連携しながら行うよう示されている。我が国においてこれほど重要視されるようになった子育て支援を保育の場の保育者が担うようになるには，様々な子どもを取り巻く環境の変化があることを受けてのことである。現代の日本における子どもを取り巻く環境がどのように変化してきているのかについてみた上で，保育者として行う子育て支援について考えていこう。

*1 3つのガイドラインとは，『幼稚園教育要領』，『保育所保育指針』，『幼保連携型認定こども園教育・保育要領』を指す。

（1）子育て支援の必要性

1）子どもを取り巻く環境

　子どもを取り巻く環境について解説したブロンフェンブレンナーによると（図8‐1），子どものすぐ周りには直接に関わりの深い親やきょうだい，友だち，保育者等受ける影響が大きい者が存在している（マイクロシステム，メゾシステム）。そして，中心の子どもからは離れているが，関わりの深い保護者やきょうだい等の勤め先や学校等の環境がある（エクソシステム）。そこは，中心の子どもには直接的には影響を及ぼさないが，保護者の労働条件の変化やきょうだいの進級等の問題は間接的に影響を及ぼすと考えている。また，もっとも関係が薄いと思われる国の政治や環境問題も間接的に影響を及ぼしているという（マクロシステム）。

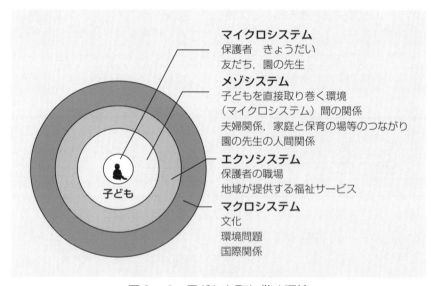

図8‐1　子どもを取り巻く環境

出典）ユリー　ブロンフェンブレンナー，磯貝芳郎・福富　護訳『人間発達の生態学^{エコロジー}』川島書店，1996
　　　を参考に筆者が作成した。

　子どもが育つ環境には，親子関係等の家庭はもちろんのこと，子どもが過ごす場，食べるもの，遊ぶもの，気候等を含めて，広い視点から子どもが育つ環境をとらえていくことも大切である。

2）子どもを取り巻く環境の変化

　様々なことが子どもの発達する過程において影響を及ぼすなかで，もっとも重要となる家庭，保護者における変化についてみていく。

　ここ数年女性の社会進出が著しいなか，働きながら子どもを育てる女性が増加しており，預ける子どもの年齢も0～2歳児の割合が多くなっている[*2]。

＊2　2022（令和4）年4月1日現在の就学前全児童数に占める保育所等利用児童の割合は，低年齢児（0～2歳）43.4％（うち0歳17.5，1，2歳56.0），3歳以上児57.5％となっている。

　厚生労働省「保育所等関連状況取りまとめ（令和4年4月1日）」2022.

112

最近の保護者の中には，乳幼児と過ごす経験が少ないまま親になった者も少なくない。核家族化が進み，子育て世代家庭とつながるにも生活時間の違い等から難しさがある状況の中から育児に対する不安を抱く保護者も多くなっている。特に，離婚増加等に伴うひとり親家庭の増加[*3]で，いわゆる"育児のワンオペ"[*4]は保護者にとって身体的にも精神的にも疲弊する。そうしたことに，家庭の経済状況や子どもの発達の問題等が加わると，育児不安はますますエスカレートし，児童虐待といった深刻な事態を招き起こす要因となる。

　このような家庭だけで子どもを育てることが難しくなってきた社会環境において，子どもの発達や教育についての専門的知識と技能をもった保育者による子育て支援が今後ますます求められていくことになる[*5]。

（2）保育者による子育て支援

1）様々な家庭への子育て支援

　子どもたち一人一人の特徴が異なるように，家庭も一つ一つ置かれた状況が異なる。保育者が，それぞれに適切な対応をとるためには日頃から家庭の状況を把握するための情報収集が欠かせない。

　しかし，保育者が保護者と心が通う状況でなければ家庭の実態を把握することは難しい。保育の場では様々な子育て支援の工夫を行っているが，ある保育の場では月に一度という多くの情報が入ったお便りではなく，週単位のコンパクトなお便りを玄関の下駄箱の上に各家庭用のポケットを作って配信している。時おり，そのお便りが持ち帰られず数枚溜まっていく家庭があるが，1週間ほど様子を見て声をかけるようにしているという。「園からの子どもに関する情報を大事にしない保護者」ととらえることもできるが，その保護者の行動の背景にあるものを考える機会ともなる。第2子の誕生で手が回っていない様子を保育者は溜まったお便りから感じ取り，1週間後に声をかけて保護者の子育ての大変さを共有したところ，保護者は余裕のなさに気が付いたとともに，気遣ってくれる人の存在に安心したという。

　保護者の悩みや不安は，家庭の変化，例えば新たな子どもの誕生や進級，夫の転勤，両親との同居・介護，家族の病気，離婚等，様々なライフイベントがきっかけとなって生じてくる場合がある。子どものことに関していえば，健康面や発達上の問題（一過性のものもあれば，発達障害につながるものもある）が多くあげられる。保育者としては経験したことがない内容の相談も受けるかもしれないが，過去の事例等を調べたり，専門家から意見を聞いたり，同じような経験を重ねて共感的理解をするよう努めることが必要である。また，一人だけで支援しようとせず，園内での協力を得ながら進めていくことが重要である。

*3　母子世帯数は，2021（令和3）年で119.5万世帯/平均年間収入272万円，父子世帯数は同年で14.9万世帯/平均年間収入518万円となっている。
　厚生労働省『全国ひとり親世帯等調査』2021.

*4　母親，ないし父親が，たった一人で育児と家事のすべてを担い，行うこと。

*5　文部科学省では2018（平成30）年度より幼稚園においても2歳児の受け入れを部分的に実施していく意向を示しており，今後幼稚園教諭においても3歳以下の子どもの発達と保護者対応を身に付けておくことが求められる。

２）保育者の子育て支援

　子育ての不安や負担の軽減・解消等の保護者ニーズは多岐にわたるが，保育現場では保育者は，様々な形でそのニーズに応えることが可能である。実際に育児に関わる相談に応じることもできるが，それだけではなく保育の場からの情報発信という形を園内の環境のひとつとして提供していくことも可能である。園・クラス便りや食育（栄養や具体的なレシピ等）に関する掲示，親子で楽しめる遊びに関するポスター，地域の行事のチラシ等である。普段行っている保育についての解説も保育室前に掲示することで，保護者は今日一日何をしていたのかが，わかり安心するとともに，親子の会話の材料，家庭での遊びにもつながっていく。日々の連絡帳や送り迎えの際の保護者との会話だけでは伝えきれないことをこうした配付物や掲示等の工夫で補完することができ，これらは環境を通した子育て支援となる。

　保育者の子育て支援は，単に保護者の子育てを肩代わりするのではなく，家庭と連携を緊密にとりながら，保護者の子どもの発達への理解を高め，保護者として成長する機会を提供することが大切である。保育者が子育て支援を行う際に大切なことは，家庭や地域が自ら子どもたちを育てる力を向上するように支援することである。保育者主導ではなく，保護者の気持ちを汲み取りながら話に傾聴し，受容し，共に子どもの発達を喜びながら育てていくという思いを共有していくことが求められる。

2　子どもの育ちの基礎となる家族や地域社会を生成するために

　子どもが，家族，保育の場，地域社会と健やかに関わりながら育つことは，人間形成の基礎となる。周囲から大切に扱われる体験は，自分を大切にする心や，周りの人々への信頼や愛情を育み，いずれは公共心の芽生えや，生命を大切にする心の育ちへとつながっていくからである。

　子育て支援は，一保護者の支援にとどまらず，子どもが健やかに育つために家族，保育の場，地域社会の人間関係を生成する支援であるという視点で考えてみたい。

　現在，保育の場では，① 自園に通う子どもと保護者への子育て支援，② 地域の未就園児と保護者への子育て支援，の2つが行われている。前者の例としては，日常的な子どもの姿の共有，保育参観*6，個人懇談会*7，クラス懇談会*8，子育て情報の提供等がある。後者の例としては，子育て広場*9，園庭開放*10，体験保育*11，子育て相談，子育て情報の提供等がある

　本節では，①と②に共通する支援の視点と人的・物的環境構成を述べる。

*6　保育参観
　保育の様子を保護者が見学すること。

*7　個人懇談会
　保育者と保護者が1対1で，家庭や保育の場での子どもの生活について話し合い，情報共有し，信頼関係を築くこと。

*8　クラス懇談会
　保護者と保育者の間に信頼関係を築くと同時に，保護者同士が交流を深めること。

*9　子育て広場
　親子が自由に遊びに来て，保育者や他の親子と交流できる場。

*10　園庭開放
　未就園の子どもと保護者が，園庭に遊びに来れる時間を作っていること。

*11　体験保育
　未就園の子どもと保護者が，保育の場に来て保育者や他の子どもと一緒に遊ぶ等の活動を通して，保育の場での生活を体験する機会のこと。

（1）子育て文化を伝える

　現代では，乳幼児と関わった経験が少ないまま保護者になる人が多い。保育者は，地域社会で伝承されてきた子どもの育ちに関する知識や，親子で共に楽しめる遊び等の「子育て文化」を意識的に再生し，伝える役割を担っている[1]。そのような保育者の意識は，「保護者が保育者と共に子育てをする」という主体的に子育てを楽しむ姿勢へ導く援助となる。

１）子育てをみてまねられる場所を提供する

　子育てには，本やインターネットで調べた知識や情報では理解しにくいことが多い。例えば，子どもとの視線の合わせ方，話しかけるテンポやリズム，子どもの注意をひく方法，年齢に応じた遊び方等は，知識よりも体験を通して学ぶ子育ての所作といえる。また，自分の子ども以外の子どもに出会ったことがない保護者は，子どもの発達過程に不安をもち，これからどう育つのか見通しがもてず，悩む場合が多い。

写真８－１　子育て広場

　そのため，保育の場では，自園の親子には，保育参観等の出会いの場を，地域の親子には，子育て広場，体験保育の場をつくっている。

　子育て広場では，① 遊びの場をコーナー化して親子が落ち着いて関われる遊びの場をつくる，② 保育者と子どもの関わりや，他の親子同士の関わりを見て学べるように視線を遮断しない，③ 保育者が適度な距離を保ちつつも親子を見守っていると感じられることを重視した環境構成がされている。

２）子どもの行動の意味を伝えるツールを活用する

　保育者が，保育の専門家として，子どもが何を楽しいと感じて遊んでいるのか，その経験がその子の発達過程においてどのような意味があり，今後の育ちを支えていくのかを保護者に伝えることが，よりよい親子関係を築く支援となる。

　そのために，保育者は，子どもの育ちの肯定的な面をみつけ，保護者が「子どもはみんな違ってみんないい」と思えるようなメッセージを，直接的には日常会話や，間接的には手紙や掲示物等で積極的に伝えていきたい。

　近年，メディアを活用してポートフォリオやドキュメンテーション[*12]を作成し，頻度高く保護者とコミュニケーションをもつ方法が注目されている[2]。

1) 小川博久『保育者養成論』萌文書林，2013.

＊12　ポートフォリオやドキュメンテーション

　元々はレッジョ・エミリア式保育の中で取り入れられてきた記録方法の名称である。ポートフォリオは個人記録，ドキュメンテーションはクラスの記録としての役割がある。

　これらは，文章だけでなく，写真を多用して記録されるという特徴がある。さらに，保育の専門性を上げるために“保育者が保育者のために書く記録”という従来の記録の役割だけではなく，“保護者や子ども自身にも公開され共有される記録”である点が新しい。

2) 文部科学省『幼児教育部会における審議の取りまとめ』2016.

この取り組みは，保護者に対して園の保育方針への理解や，子育て参加を促し，子どもがのびのびと遊べる可能性を広げるといえるだろう[3]。

事例8−1　A児の泥遊びに戸惑う保護者

A児（2歳）は，保育園で泥んこ遊びをして毎日服を汚していた。A児の保護者であるBさんは，泥まみれになるのは不衛生な気もするし，洗濯も大変なので，保育園で泥んこ遊びをさせないでほしいと思っていた。

しかし，園から毎日スマートフォンのアプリケーションで配信される，ドキュメンテーションを見ると，いつもはおとなしいところもあるA児が，泥まみれになりながら他の子と一緒に抱き合い笑っている姿があった。また，バケツで水道から砂場に水を繰り返し運ぶ姿の写真があり「目的に向かって一生懸命頑張っています」という保育者の記録があった。さらに，友だちと一緒にバケツの水を砂場に「じゃあっ」とひっくり返す写真があり，「友だちと一緒に遊ぶ楽しさをたくさん感じられるようになってきました」という保育者の記録もあった。このような視点で，子どもの遊びについて考えたことがなかったBさんにとっては，保育者の視点は，新鮮であり，興味深かった。

A児自身も，自分の写真を見ながら，Bさんに「（砂場の水たまりを）Aちゃんがつくったの！」「（こんどは）もっともっと大きな海つくるの！」とうれしそうに話している。そして，それを楽しみに保育園に通っている姿があることにBさんは気付かされた。

今では，Bさんは，A児は保育園での遊びを通じて豊かな学びができているのだと感じられ，それを支えたいと願うようになっている。かつての自分と同じように泥遊びに否定的な気持ちでいる保護者がいたら，スマートフォンで自分の子どもの写真を見せながら，会話をしてみたいと思っている。

3）請川慈大・高橋健介・相馬靖明編者『保育におけるドキュメンテーションの活用』ななみ書房，2016.

3）指導者ではなくモデルになる

保育者は，親子との信頼関係を築くためにも，保護者に対して指導的に関わるのではなく，保護者が自発的に，子どもとの関わり方をまねしてみたい，と思えるモデルになるように努めたい。

事例8−2　なかなか寝ついてくれないC児に悩む保護者

Dさんは，C児（3か月）が，抱っこからおろしてベッドに寝かせると，すぐに泣きだしてしまうため，夜通しC児を抱っこする日々が続いていた。Dさん自身も満足に眠れず，疲れきっていた。

以前にある保育者に相談をしたら，「乳児は，13時間くらい寝るのが普通。たくさん遊ぶと，おなかがすくからたくさん飲んで，疲れるからたくさん眠って，乳児は成長していくの。お母さん頑張って。若いから大丈夫！」と言われた。Dさんは，その保育者から「大丈夫」という言葉をもらったものの，「あなたは子どもを十分に遊ばせていない，ミルクを十分に飲ませて

いない」と，子育ての仕方全体を責められているようにも感じてしまった。それに，どのように子どもと遊んだらいいのかわからなくなり，落ち込んでしまった。そのため，誰かに相談すること自体，怖くなってしまった。

　しかしこの前，子育て広場で出会った保育者は少し違った。この子育て広場は，0歳から2歳の子どもと保護者が自由な時間に広場に来て，保育者が見守る中で遊ぶことができる。また，広場の隣にはキッチンがあり，保護者がお茶を飲んで一息つけるようになっている。また，保護者の子育てへの心理的・身体的負担感が強いときには，子どもの一時保育を行う子育て広場だった。

　Dさんが，眠気に襲われて，ふらふらしながらC児を抱いたまま喫茶コーナーでお茶を飲もうとしたとき，保育者が声をかけてきてくれた。「Dさん，こんにちは。もしよかったら，Cちゃん抱っこしましょうか。ゆっくりお茶してきて」と言って，C児を抱っこしていてくれたのだ。

　Dさんは，C児が生まれて以来，いつもC児と一緒だったので，離れるのは初めてのことだった。喫茶コーナーから，C児と保育者が遊ぶのを眺めていたら，Dさんは，いろいろなことに気付くことができた。

　保育者は，「いないいないばー」をしたり，音の出るおもちゃを持たせたり，おもちゃを手のひらに隠したり出したりして，遊んでくれた。C児は手足をばたばたさせて喜んでいた。Dさんは，そんな遊び方があるのか…と驚いた。

　お茶を飲み終わったDさんが「すみませんでした」とC児を急いで受け取ると，保育者は「かわいいわね，また抱っこさせてくださいね」と笑顔で言ってくれたのでDさんはほっとした。そして思わず，「なかなか眠ってくれないんですよね，この子」とつぶやいた。すると保育者は，「そうなんですか，それじゃあお母さん大変ですね」と共感してくれた。Dさんは当然，また，「頑張れ」と言われるのだろうと思っていたので，思わず泣きそうになった。

　保育者は「こういう広場に遊びに来ると，Cちゃんにとって刺激がいっぱいで，眠ってくれるようになるかもしれないですね。Dさん，今日は来てくれてありがとう。よかったら，また遊びに来て，Cちゃんが眠れたかどうか教えてね」と言った。Dさんは，保育者が遊んでいたように，家でもC児に同じようにやってみよう，もう少し頑張ってみよう，と自然に思える自分に気付いた。

（2）信頼関係を構築する

　保護者からの相談の裏に隠された本音や，困難を抱えている家庭の状況は，すぐに明らかにはならない。保育者が保護者に対して長時間かけて共感的に寄り添い信頼関係を構築した後，少しずつ明らかになる。

　また，家庭に問題を抱える子どもは，保育の場に慣れにくい場合がある。そ

4）能登里沙・小川博久他「保育の質の向上と保護者のまなざしの変容（1）」保育学会発表資料，2016.

の行動が，子ども同士だけでなく，保護者同士の関係を疎遠にし，親子が保育の場に通いにくくなる場合もある[4]。保護者にとって，保育の場は貴重な出会いの場でもあるが，人間関係に悩む場にもなってしまうことがある。保育者は，問題を抱える保護者と長期的な視野で信頼関係を共に築くことにより，保護者が気軽に相談できたり，園に関わる子どもみんなの育ちを共に喜び合える関係性を構築したい。

1）親子の孤立を防ぐ

子育てに問題を抱えている保護者が，客観的に問題を自覚し改善したいと考え，子育て支援を受けたい，と考えているとは限らない。保護者にとって保育の場に通う目的は，働きながら，子育てをしていくためであり，親子関係の改善ではないかもしれない。しかし，子どもにとっては，保育の場に通うことは，家庭内で孤立せず，社会の目で見守られている安心を意味している。そのため，保育の場が親子にとって通いやすい居場所になることが大事である。

保育者は，日常的なコミュニケーションを通じて，問題を抱えている親子を受容的に受け止めるメッセージを送り，さらには，できる限り，そのような保育者の姿を他の保護者たちにもみせ，よいモデルになろうとしてほしい。このように，親子に「願い」をもって関わってみてほしい。

その上で，保育者同士の情報共有の場，関わり方を検討する場をもつ。保育者は，一人ではなく，チームで働いている。そのため，保育者と親子との関係性によって，保護者が相談しやすい，しにくい保育者がいたり，また保育者によって親子関係のとらえ方が異なったりすることから，保育者間での情報共有やカンファレンスが必要になる。

親子の全体像を知るためには，時間も必要であるし，保育者間の話し合いが必要になる。時には他分野の専門家の手も借りながら，保護者の意志を尊重しつつ，適切なタイミングを見計らい，個別面談や育児相談，懇談会による援助につなげていきたい。

2）共同作業や，公共の場をつくり，つながりをつくる

保育の場は，保育者の環境への少しの工夫で，保護者同士のコミュニケーションが生まれやすい場になるかもしれない。例えば，ある子育て広場では，食事がとれる場，料理ができる場をつくっている。共通の目的が生まれ，自然な交流が生まれる。他にも，安全な遊具ばかりではなくあえて子どもを見守る必要のある遊具（すべり台等）を設定している。互いの子どもを見守り合うことで絆が生まれる[*13]。

*13　子どもたちにとって挑戦しがいのある遊具や，屋外環境のある子育て広場では，保護者同士の人間関係が良い傾向がある，という調査結果が示されている。
松永愛子・齋藤史夫ら「平成27年度幼児の共助力育成調査研究事業報告書」2016.

　また，ある保育の場では，職員室のそばに，誰もが利用できる絵本コーナーを設け親子の憩いの場としている。帰宅する前のささやかな親子の交流を，保育者が見守っている。また，給食や間食の写真や食器を掲示し，家での献立の参考になるよう，レシピを公開している保育の場もある。さらに，行事のために保護者にできる範囲での協力を求め，保護者同士の交流を促すこともある。親同士の自主的なクラブ活動を支援し，子どもの前で活動成果を披露する等，保育に積極的に参加してもらう園もある。

写真8－2　絵本コーナー

事例8－3　絵本を通した親子の関わり

　Eさんは，いつも夜7時に保育園で子どもを迎えてから，家に帰る前のひと時，絵本コーナーに立ち寄ることにしている。絵本コーナーは，園の玄関近く，職員室の隣に設けられている。絵本棚の前に，柔らかい絨毯がしかれ，円卓があり，落ち着ける空間になっている。気にいった絵本は，借りることもできる。F児（3歳7か月）は，絵本が大好きで，Eさんの手をとり，絵本コーナーへ行こう，と誘う。

　絵本コーナーには，保育者が保育の中でふれた本や，園の行事に関連した本や，子どもに人気の本が紹介されている。鬼の出てくる絵本を見ながら，F児は「先生が，読んだ本！」「豆まきやったの」とEさんに教えてくれるので，親子の会話が弾む。

　他の親子も，絵本コーナーにやってくる。特に会話はなくても，お互いの子どもの成長を感じる瞬間である。時には，他の子も，F児と同じ絵本に興味をもち，一緒に読むこともある。そんな時は，保護者同士「この絵本，子どもが好きですよね〜」等，会話が生まれる。また，職員室に出入りする先生たちはいつも，絵本コーナーの前を通る時に，「Fちゃん，ママおしごと頑張って帰ってきたね」，「その絵本，先生も大好き。長い本がよめるようになったね」とさりげなく声をかけてくれる。絵本コーナーでは，Eさんは，ほっとする時間を過ごすことができる。

　Eさん親子は，家に帰ると，すぐに食事をし，風呂に入り，9時には眠る時間となる。眠る前には，F児はいつも「ママ，借りてきた本読んで」といい，Eさんは読み聞かせをする。絵本を通じて，Eさんは，F児が園や日々の生活の中で楽しかったことや楽しみにしていることや気になっていることを話し合い，分かち合い，支えてあげる時間を，ささやかながらつくれていると感じている。

　今日もF児は，保育園に楽しく通っている。そのことが，Eさんにとっても大きな喜びである。

（3）子育て情報の提供

　保育の場がある地域にはどのような特徴があるだろうか。保育者が親子の生活スタイルや，自宅から保育の場までの間にどのような環境があるのかを知ると，保育の場から親子関係をより豊かにする情報提供を行うことができる。

　どのような地域にも，国の事業であるファミリー・サポート・センターや，病児保育，一時保育の機関等がある。保育の場は，保護者を助ける公共サービスについて情報提供を行っていきたい。

　また，保育の場のある地域には，保護者が自主的に立ち上げた NPO 等がないだろうか？　例えば，父親主体の子育てサークルや，アレルギー児のための子育てサロン，自由な野外遊びの中で子どもの主体性を育てようとするプレイパークの取り組み等である。保育の場から親子のニーズに適切と思われる活動の情報提供をすることで，親子を支援すると同時に，地域も活性化することができる。

　その他にも，卒園後の子育てサポートや，卒園児を招く園行事の情報を提供することで，親子とのつながりを継続していくことができる。

　以上，「子育て文化を伝える」，「信頼関係を構築する」，「子育て情報の提供」，という3点を述べてきた。3点は個別ではなく，互いに絡み合いながら行われる。子育て支援というと，特に若い保育者は，どうしたらよいか迷うかもしれない。しかし，保育者として核となる専門性である「子ども理解」や「遊び援助」，さらに「環境構成を通した援助」の力が，子育て支援につながることを認識し，親子と一緒に子どもたちの安心できる居場所を保育の場や家庭や地域に生み出していってほしい。

●演習課題

課題1：保護者が抱える子育てに関する不安について考えてみよう。そして，その理由についても考えてみよう。

課題2：子育ての不安を軽減し，子育てを楽しめるようになるため，保護者に保育者ができる援助について考えてみよう。また，子どもに対する支援についても考えてみよう。

課題3：現代社会において必要な子育て環境について話し合ってみよう。

課題4：次頁に掲げたコラムを読み，遊びの中で保護者や子どもたちがどのような経験をしていると思うか，できる限りあげて話し合ってみよう。

コラム　　子育て広場での交流

　子育て広場での，親子同士，保育者と親子との関わりの様子を紹介する。

　保護者Hさんは，G児（9か月）とどのように遊んだらいいのか自信がもてず，他の子がどんな遊びをしているか知りたくて，初めて子育て広場に行くことにした。Hさんは，広場に着くと，まずは室内の乳児コーナーにGちゃんを寝かせ，音の出るぬいぐるみでG児と遊んでみた。

　この日，他の来所者たちは，園庭にでて水遊びをしていた。G児が，ぐずりだしたので，Hさんは，G児の気分を変えようと抱っこしてベランダへ移動する。Hさんは，G児をベランダの柵につかまらせ，つかまり立ちの姿勢にした。G児は笑顔になる。そばで見ていた保育者が「ご機嫌になったね！」と声をかけると，Hさんは，「この姿勢だといつもご機嫌なんです」とうれしそうにいった。

　ベランダから見える園庭では，I児（1歳2か月）たちが遊んでいる。HさんとG児はその姿をじっと眺めている。Hさんは，「（1年後はG児も）こんなふうになるのかなあ」とつぶやいた。保育者は，Hさんに，「そうね，Gちゃん，つかまり立ちが本当に楽しそうね。きっとどんどん行動範囲が広がっていくよ」と声をかける。

　しばらくして，部屋に戻ってきたI児が室内のすべり台をすべるのをみてG児の姿勢がすべり台へ向いた。Hさんは，G児をすべり台に乗せて，少しすべらせてみる。G児は，最初は笑顔だったが，怖くなったのか泣いてしまった。Hさんは，「ごめんね」とG児を申し訳なさそうに抱き上げた。I児の保護者や，周りにいた子育て広場の常連の保護者たちは，そんな様子をみて，「Gちゃん，やりたかったんだね」，「がんばったね」等，優しくHさんとG児に近寄ってきて，笑いかけ，言葉をかけた。その様子を保育者は近くで見守っている。HさんもG児も笑顔になった。

第9章 これまでの学びを振り返る

保育内容環境に関して，これまで各章において学んできた内容をまとめる。保育内容環境は，様々な要素の関連の下で成り立っているため，個々の要素についての学び（各章の学び）にとどまらず，それぞれの要素を総合的にとらえて理解を深めることが重要である。また，「5領域の中の環境」という視点をもち，他の4つの領域（健康・人間関係・言葉・表現）と保育内容環境を結びつけて考えることは，「環境を通して行う保育・教育」という，保育実践上の基本姿勢の具体化につながるものである。

1 これまでの学びの整理

これまで保育内容「環境」について，様々な視点から説明してきた。最終章である本章では，章ごとの学びを整理し，改めて保育内容「環境」を学ぶ上でのポイントを整理したい。

第2章，第3章で学んだ"園内の環境"と"園庭の環境"は，保育者が日常的に「環境」を意識する，もっとも身近なものであろう。この両章のポイントは2つある。第一は，子どもの生命を守り，情緒の安定を図る視点（養護）と，子どもの発達を援助する視点（教育）が，園内，園庭のいずれの環境にも組み込まれている，という点である。これは保育所保育指針にも記載されている，保育所保育の特性であるが，幼稚園や認定こども園においても同様である。

第二は，保育者（幼稚園教諭，保育士，保育教諭をいう）が"環境をデザインする"という意識をもつことの重要性である。保育の場（幼稚園，保育所，認定こども園をいう）で保育者が，意図（ねらい）をもって子どもの発達を支援するとき，言葉を使った直接的な指導を行うことは日常的に行われている（「そろそろお片付けよ」，「これから絵本を読むので集まろう」等）。この方法は，効率的に保育者のメッセージを子どもに伝える上で極めて有効であるが，子どもが自分

で選び，自分で決める機会を十分に保障することは難しい。その点，保育者の意図（ねらい）が込められた環境をデザインし，その環境に子どもが主体的に関わるという形は，子ども自身の選択権や決定権を認めつつ，保育者のメッセージを子どもに伝えることを可能にする。まさに「環境を通した教育・保育」の具体的な姿ということができるだろう。

　第4章で学んだ“自然環境”は，本文中に「人々の生活を取り巻く全ての自然」とあるように，対象とする範囲が非常に広い環境だが，保育者は“子どもの目に見える”，“子どもが身近に感じとっている”環境という視点で考えていくことが重要である。自然環境は，私たち人間が意図的に操作できない側面をもつことがある（人間が天気や気温をコントロールできないように）。しかし，それは保育者が目の前にある自然環境に，子どもをただ漫然と関わらせることを意味しない。植物の栽培，動物の飼育，園外保育に関する説明にみられるように，保育者には子どもの発達を支えるために，自然環境を計画的に活用することが求められるのである。

　第5章で学んだ“社会環境”も，自然環境と同様に対象とする範囲が幅広い。また，容易に修正や変更することが難しい環境でもある。しかし，自然環境と異なる点は，社会環境とは原則的に，人間の手によってつくられた環境であるということである。とすれば，そこには保育者が子どもの発達にとって望ましい社会環境を計画的につくり出す余地があるはずである。都市化や核家族化の中で地域社会との関わり，多文化との関わりについて保育等の視点をもって保育者が計画的に保育実践を行うことは，結果として子どもが社会環境との接点をもつことを可能にするのである。

　第6章では“文字・数・図形への興味・関心”という視点から学んだ。文字や数，図形に関する学びと保育内容「環境」は，一見するとその関係が見えにくいかもしれない。なぜなら，一般的に文字や数，図形は，学校で先生から教わるものというイメージが，殊に学校教育の場においては強いからである。この章で説明された内容は，教科書に書いてある文字や数字を覚える，というスタイルの学びとは性格が異なる。子どもの日常生活の中にある学びの資源を教材化したり，子ども自身が教材化できるように環境を調整し続ける，という記述にみられるように，保育の場での日常的な生活の中で子どもが文字や数字，図形に関する関心をもてるような計画的な働きかけをすることが保育者に求められているのである。

　第7章では“小学校教育との連携”という視点から学んだ。小学校教育における中心的な教育活動は授業である。そこで，教師は言葉を通して直接的な指導を行う。環境を通して間接的に子どもを指導する保育行為とは方法論上，異

なる点が多い。だからこそ，保育の場と小学校教育のスムーズな接続に関して保育の場，小学校の双方が議論を深めていく必要がある。アクティブ・ラーニング，アプローチカリキュラムとスタートカリキュラム，生活科等，保育の場と，小学校教育の接続の際のキーワードはすでに存在している。これらのキーワードを実践につなげる際，保育の場が"環境という視点をもって指導をしている"こと自体が，スムーズな接続に貢献することに気付いてもらいたい。なぜなら，"環境という視点で指導する"ことの中には，子どもの主体的活動を重視するという保育者の思いが根底に流れており，この考え方は，小学校教育におけるアクティブ・ラーニングに代表される，対話的で主体的な学びにつながると考えられるからである。

　第8章では"子育て支援"について環境の視点から学んだ。子育て支援に関しては，専門的に学ぶ他の教科があるため，本書で扱うことに違和感を覚えた読者もいるかもしれない。けれども，現代の子育ての背景にある環境について保育者が理解を深めていくことは，子育て支援を効果的なものにするために極めて重要な意味をもっている。加えて，日常の保育行為の中で意識している環境の視点が，子育て支援にも応用可能であることに気付いてもらいたい。この章で紹介されていた"職員室のそばにある誰もが利用できる絵本コーナー"等はその典型である。

2　5領域の一つである意味

　現在，保育の場における保育内容は健康，人間関係，言葉，環境，表現の5領域（5つの視点）から構成されている。そして，養成校の授業の中で，この5領域がそれぞれ一つの教科として独立していることは珍しくない。元来，領域とはそれぞれ独立して存在するものではなく，相互にオーバーラップする部分をもちながら，保育者が総合的に子どもの姿をとらえる際，視点として機能するものである。本書は保育内容「環境」のテキストであるため，当然ながら「環境」の視点からの記述が大半を占めている。しかし，実際の保育場面で保育者は子どもと「環境」のみの視点で関わるのではなく，総合的な視点から関わることになる。では，個別に「環境」について学ぶ意味はどこにあるのだろうか。

　本書では，保育の場における環境（園内環境・園庭環境），自然環境，社会環境，小学校教育や子育て支援と環境との関係と，幅広く「環境」についての説明をしてきた。幅広い説明が必要であったということは，「環境」という視点が子どもの生活の中に常に存在している（散りばめられている）ことを意味して

いる。「環境」を，単に 5 領域の一つとしてとらえるのではなく，保育実践の中で常に保育者の頭の中におきながら，他の 4 領域と組み合わせて考えていくことが重要である。他の 4 領域について学ぶ際，「健康」と「環境」，「言葉」と「環境」，「人間関係」と「環境」，「表現」と「環境」のように，「環境」と組み合わせて考える習慣を身に付けてもらいたい。

なぜなら，そうすることによって，保育実践の基本である，「環境を通した保育」，「環境を通した教育」の理解がより深まることが期待できるからである。「環境を通した～」という表現の背後には，子どもの主体的活動を重視することを前提とする，という保育実践の基本姿勢がある。この基本姿勢を具体化するとき，保育者が子どもを取り巻く環境を活用すること，環境に計画的な仕掛けや工夫をすることは必然的な営みである。そのためには，保育内容「環境」に関する多様な視点や，具体的な指導方法について，理解を深めておくが必要である。特に，「環境をデザインすること」を指導方法の一つとしてとらえることができるようになってほしい。

本書を読了することが，保育内容「環境」のより深い理解の一助になることを願いたい。

● 演習課題

課題 1：子どもを取り巻く様々な環境の中で，子どもの育ちを伸張するものを話し合ってみよう。

課題 2：子どもを取り巻く様々な環境の中で，子どもの育ちを阻害するものを話し合ってみよう。

課題 3：課題 2 であげたものを念頭に置き，保育の場あるいは，保育者にできることを話し合ってみよう。

コラム　　環境に働きかけ，工夫する

　この本が出版された年（2018 年），韓国の平昌（ピョンチャン）で冬季オリンピックが開催され，盛況のうちに幕を閉じました。今回，私が一番印象に残ったのはスキーのジャンプでした。スキーに関して私は全くの素人ですが，テレビを見ていると，「向かい風は有利」で「追い風は不利」であることがわかります。つまり，ジャンプ競技は運に左右される側面が少なくないといえます。けれども，選手の中には（特にメダリストたち），たとえ「追い風」であっても，飛び方に工夫をして距離を伸ばす選手がいるんですね。周囲の環境にただ漫然と身を任せるだけでなく，スタートや踏切のタイミングを調整したり，空中姿勢を工夫したり…。つまり，運任せだけではないのです。環境に対して働きかけをして，自分が目指した方向に向けて事を進めるための努力を行うのは，保育者だけではないようです。

●資料 幼稚園教育要領，保育所保育指針，幼保連携型認定こども園教育・保育要領 「環境」に関わる部分の抜粋

幼稚園教育要領（平成 29 年告示）

環　境

〔周囲の様々な環境に好奇心や探究心をもって関わり，それらを生活に取り入れていこうとする力を養う。〕

1　ねらい

(1)　身近な環境に親しみ，自然と触れ合う中で様々な事象に興味や関心をもつ。

(2)　身近な環境に自分から関わり，発見を楽しんだり，考えたりし，それを生活に取り入れようとする。

(3)　身近な事象を見たり，考えたり，扱ったりする中で，物の性質や数量，文字などに対する感覚を豊かにする。

2　内　容

(1)　自然に触れて生活し，その大きさ，美しさ，不思議さなどに気付く。

(2)　生活の中で，様々な物に触れ，その性質や仕組みに興味や関心をもつ。

(3)　季節により自然や人間の生活に変化のあることに気付く。

(4)　自然などの身近な事象に関心をもち，取り入れて遊ぶ。

(5)　身近な動植物に親しみをもって接し，生命の尊さに気付き，いたわったり，大切にしたりする。

(6)　日常生活の中で，我が国や地域社会における様々な文化や伝統に親しむ。

(7)　身近な物を大切にする。

(8)　身近な物や遊具に興味をもって関わり，自

分なりに比べたり，関連付けたりしながら考えたり，試したりして工夫して遊ぶ。

(9)　日常生活の中で数量や図形などに関心をもつ。

(10)　日常生活の中で簡単な標識や文字などに関心をもつ。

(11)　生活に関係の深い情報や施設などに興味や関心をもつ。

(12)　幼稚園内外の行事において国旗に親しむ。

3　内容の取扱い

　上記の取扱いに当たっては，次の事項に留意する必要がある。

(1)　幼児が，遊びの中で周囲の環境と関わり，次第に周囲の世界に好奇心を抱き，その意味や操作の仕方に関心をもち，物事の法則性に気付き，自分なりに考えることができるようになる過程を大切にすること。また，他の幼児の考えなどに触れて新しい考えを生み出す喜びや楽しさを味わい，自分の考えをよりよいものにしようとする気持ちが育つようにすること。

(2)　幼児期において自然のもつ意味は大きく，自然の大きさ，美しさ，不思議さなどに直接触れる体験を通して，幼児の心が安らぎ，豊かな感情，好奇心，思考力，表現力の基礎が培われることを踏まえ，幼児が自然との関わりを深めることができるよう工夫すること。

(3)　身近な事象や動植物に対する感動を伝え合い，共感し合うことなどを通して自分から関わろうとする意欲を育てるとともに，様々な関わり方を通してそれらに対する親しみや畏敬の念，生命を大切にする気持ち，公共心，

探究心などが養われるようにすること。

(4)　文化や伝統に親しむ際には，正月や節句など我が国の伝統的な行事，国歌，唱歌，わらべうたや我が国の伝統的な遊びに親しんだり，異なる文化に触れる活動に親しんだりすることを通じて，社会とのつながりの意識や国際理解の意識の芽生えなどが養われるようにすること。

(5)　数量や文字などに関しては，日常生活の中で幼児自身の必要感に基づく体験を大切にし，数量や文字などに関する興味や関心，感覚が養われるようにすること。

保育所保育指針（平成29年告示）

1　乳児保育に関わるねらい及び内容
ウ　身近なものと関わり感性が育つ

身近な環境に興味や好奇心をもって関わり，感じたことや考えたことを表現する力の基盤を培う。

（ア）　ねらい

①　身の回りのものに親しみ，様々なものに興味や関心をもつ。

②　見る，触れる，探索するなど，身近な環境に自分から関わろうとする。

③　身体の諸感覚による認識が豊かになり，表情や手足，体の動き等で表現する。

（イ）　内　容

①　身近な生活用具，玩具や絵本などが用意された中で，身の回りのものに対する興味や好奇心をもつ。

②　生活や遊びの中で様々なものに触れ，音，形，色，手触りなどに気付き，感覚の働きを豊かにする。

③　保育士等と一緒に様々な色彩や形のものや絵本などを見る。

④　玩具や身の回りのものを，つまむ，つかむ，たたく，引っ張るなど，手や指を使って遊ぶ。

⑤　保育士等のあやし遊びに機嫌よく応じたり，歌やリズムに合わせて手足や体を動かして楽しんだりする。

（ウ）　内容の取扱い

上記の取扱いに当たっては，次の事項に留意する必要がある。

①　玩具などは，音質，形，色，大きさなど子どもの発達状態に応じて適切なものを選び，その時々の子どもの興味や関心を踏まえるなど，遊びを通して感覚の発達が促されるものとなるように工夫すること。なお，安全な環境の下で，子どもが探索意欲を満たして自由に遊べるよう，身の回りのものについては，常に十分な点検を行うこと。

②　乳児期においては，表情，発声，体の動きなどで，感情を表現することが多いことから，これらの表現しようとする意欲を積極的に受け止めて，子どもが様々な活動を楽しむことを通して表現が豊かになるようにすること。

2　1歳以上3歳未満児の保育に関わるねらい及び内容
ウ　環　境

周囲の様々な環境に好奇心や探究心をもって関わり，それらを生活に取り入れていこうとする力を養う。

（ア）　ねらい

①　身近な環境に親しみ，触れ合う中で，様々なものに興味や関心をもつ。

②　様々なものに関わる中で，発見を楽しんだり，考えたりしようとする。

③　見る，聞く，触るなどの経験を通して，感覚の働きを豊かにする。

（イ）　内　容

①　安全で活動しやすい環境での探索活動等を通して，見る，聞く，触れる，嗅ぐ，味わうなどの感覚の働きを豊かにする。

② 玩具，絵本，遊具などに興味をもち，それらを使った遊びを楽しむ。

③ 身の回りの物に触れる中で，形，色，大きさ，量などの物の性質や仕組みに気付く。

④ 自分の物と人の物の区別や，場所的感覚など，環境を捉える感覚が育つ。

⑤ 身近な生き物に気付き，親しみをもつ。

⑥ 近隣の生活や季節の行事などに興味や関心をもつ。

（ウ）　内容の取扱い

上記の取扱いに当たっては，次の事項に留意する必要がある。

① 玩具などは，音質，形，色，大きさなど子どもの発達状態に応じて適切なものを選び，遊びを通して感覚の発達が促されるように工夫すること。

② 身近な生き物との関わりについては，子どもが命を感じ，生命の尊さに気付く経験へとつながるものであることから，そうした気付きを促すような関わりとなるようにすること。

③ 地域の生活や季節の行事などに触れる際には，社会とのつながりや地域社会の文化への気付きにつながるものとなることが望ましいこと。その際，保育所内外の行事や地域の人々との触れ合いなどを通して行うこと等も考慮すること。

3　3歳以上児の保育に関するねらい及び内容
　ウ　環　境

周囲の様々な環境に好奇心や探究心をもって関わり，それらを生活に取り入れていこうとする力を養う。

（ア）　ねらい

① 身近な環境に親しみ，自然と触れ合う中で様々な事象に興味や関心をもつ。

② 身近な環境に自分から関わり，発見を楽しんだり，考えたりし，それを生活に取り入れ

ようとする。

③ 身近な事象を見たり，考えたり，扱ったりする中で，物の性質や数量，文字などに対する感覚を豊かにする。

（イ）　内　容

① 自然に触れて生活し，その大きさ，美しさ，不思議さなどに気付く。

② 生活の中で，様々な物に触れ，その性質や仕組みに興味や関心をもつ。

③ 季節により自然や人間の生活に変化のあることに気付く。

④ 自然などの身近な事象に関心をもち，取り入れて遊ぶ。

⑤ 身近な動植物に親しみをもって接し，生命の尊さに気付き，いたわったり，大切にしたりする。

⑥ 日常生活の中で，我が国や地域社会における様々な文化や伝統に親しむ。

⑦ 身近な物を大切にする。

⑧ 身近な物や遊具に興味をもって関わり，自分なりに比べたり，関連付けたりしながら考えたり，試したりして工夫して遊ぶ。

⑨ 日常生活の中で数量や図形などに関心をもつ。

⑩ 日常生活の中で簡単な標識や文字などに関心をもつ。

⑪ 生活に関係の深い情報や施設などに興味や関心をもつ。

⑫ 保育所内外の行事において国旗に親しむ。

（ウ）　内容の取扱い

上記の取扱いに当たっては，次の事項に留意する必要がある。

① 子どもが，遊びの中で周囲の環境と関わり，次第に周囲の世界に好奇心を抱き，その意味や操作の仕方に関心をもち，物事の法則性に気付き，自分なりに考えることができるようになる過程を大切にすること。また，他の子どもの考えなどに触れて新しい考えを生み出

す喜びや楽しさを味わい，自分の考えをより
よいものにしようとする気持ちが育つように
すること。

② 幼児期において自然のもつ意味は大きく，
自然の大きさ，美しさ，不思議さなどに直接
触れる体験を通して，子どもの心が安らぎ，
豊かな感情，好奇心，思考力，表現力の基礎
が培われることを踏まえ，子どもが自然との
関わりを深めることができるよう工夫するこ
と。

③ 身近な事象や動植物に対する感動を伝え合
い，共感し合うことなどを通して自分から関
わろうとする意欲を育てるとともに，様々な
関わり方を通してそれらに対する親しみや畏
敬の念，生命を大切にする気持ち，公共心，
探究心などが養われるようにすること。

④ 文化や伝統に親しむ際には，正月や節句な
ど我が国の伝統的な行事，国歌，唱歌，わら
べうたや我が国の伝統的な遊びに親しんだ
り，異なる文化に触れる活動に親しんだりす
ることを通じて，社会とのつながりの意識や
国際理解の意識の芽生えなどが養われるよう
にすること。

⑤ 数量や文字などに関しては，日常生活の中
で子ども自身の必要感に基づく体験を大切に
し，数量や文字などに関する興味や関心，感
覚が養われるようにすること。

幼保連携型認定こども園教育・保育要領
（平成 29 年告示）

第1　乳児期の園児の保育に関するねらい及び内容
身近なものと関わり感性が育つ
〔身近な環境に興味や好奇心をもって関わり，感
じたことや考えたことを表現する力の基盤を培
う。〕

1　ねらい
(1)　身の回りのものに親しみ，様々なものに興
味や関心をもつ。
(2)　見る，触れる，探索するなど，身近な環境

に自分から関わろうとする。
(3)　身体の諸感覚による認識が豊かになり，表
情や手足，体の動き等で表現する。

2　内容
(1)　身近な生活用具，玩具や絵本などが用意さ
れた中で，身の回りのものに対する興味や好
奇心をもつ。
(2)　生活や遊びの中で様々なものに触れ，音，
形，色，手触りなどに気付き，感覚の働きを
豊かにする。
(3)　保育教諭等と一緒に様々な色彩や形のもの
や絵本などを見る。
(4)　玩具や身の回りのものを，つまむ，つかむ，
たたく，引っ張るなど，手や指を使って遊ぶ。
(5)　保育教諭等のあやし遊びに機嫌よく応じた
り，歌やリズムに合わせて手足や体を動かし
て楽しんだりする。

3　内容の取扱い
上記の取扱いに当たっては，次の事項に留意す
る必要がある。
(1)　玩具などは，音質，形，色，大きさなど園
児の発達状態に応じて適切なものを選び，そ
の時々の園児の興味や関心を踏まえるなど，
遊びを通して感覚の発達が促されるものとな
るように工夫すること。なお，安全な環境の
下で，園児が探索意欲を満たして自由に遊べ
るよう，身の回りのものについては常に十分
な点検を行うこと。
(2)　乳児期においては，表情，発声，体の動き
などで，感情を表現することが多いことから，
これらの表現しようとする意欲を積極的に受
け止めて，園児が様々な活動を楽しむことを
通して表現が豊かになるようにすること。

第2　満1歳以上満3歳未満の園児の保育に関す
**　るねらい及び内容**
環　境
〔周囲の様々な環境に好奇心や探究心をもって関

わり，それらを生活に取り入れていこうとする力を養う。〕

1　ねらい

(1)　身近な環境に親しみ，触れ合う中で，様々なものに興味や関心をもつ。

(2)　様々なものに関わる中で，発見を楽しんだり，考えたりしようとする。

(3)　見る，聞く，触るなどの経験を通して，感覚の働きを豊かにする。

2　内　容

(1)　安全で活動しやすい環境での探索活動等を通して，見る，聞く，触れる，嗅ぐ，味わうなどの感覚の働きを豊かにする。

(2)　玩具，絵本，遊具などに興味をもち，それらを使った遊びを楽しむ。

(3)　身の回りの物に触れる中で，形，色，大きさ，量などの物の性質や仕組みに気付く。

(4)　自分の物と人の物の区別や，場所的感覚など，環境を捉える感覚が育つ。

(5)　身近な生き物に気付き，親しみをもつ。

(6)　近隣の生活や季節の行事などに興味や関心をもつ。

3　内容の取扱い

上記の取扱いに当たっては，次の事項に留意する必要がある。

(1)　玩具などは，音質，形，色，大きさなど園児の発達状態に応じて適切なものを選び，遊びを通して感覚の発達が促されるように工夫すること。

(2)　身近な生き物との関わりについては，園児が命を感じ，生命の尊さに気付く経験へとつながるものであることから，そうした気付きを促すような関わりとなるようにすること。

(3)　地域の生活や季節の行事などに触れる際には，社会とのつながりや地域社会の文化への気付きにつながるものとなることが望ましいこと。その際，幼保連携型認定こども園内外

の行事や地域の人々との触れ合いなどを通して行うこと等も考慮すること。

第3　満3歳以上の園児の教育及び保育に関するねらい及び内容

環　境

〔周囲の様々な環境に好奇心や探究心をもって関わり，それらを生活に取り入れていこうとする力を養う。〕

1　ねらい

(1)　身近な環境に親しみ，自然と触れ合う中で様々な事象に興味や関心をもつ。

(2)　身近な環境に自分から関わり，発見を楽しんだり，考えたりし，それを生活に取り入れようとする。

(3)　身近な事象を見たり，考えたり，扱ったりする中で，物の性質や数量，文字などに対する感覚を豊かにする。

2　内　容

(1)　自然に触れて生活し，その大きさ，美しさ，不思議さなどに気付く。

(2)　生活の中で，様々な物に触れ，その性質や仕組みに興味や関心をもつ。

(3)　季節により自然や人間の生活に変化のあることに気付く。

(4)　自然などの身近な事象に関心をもち，取り入れて遊ぶ。

(5)　身近な動植物に親しみをもって接し，生命の尊さに気付き，いたわったり，大切にしたりする。

(6)　日常生活の中で，我が国や地域社会における様々な文化や伝統に親しむ。

(7)　身近な物を大切にする。

(8)　身近な物や遊具に興味をもって関わり，自分なりに比べたり，関連付けたりしながら考えたり，試したりして工夫して遊ぶ。

(9)　日常生活の中で数量や図形などに関心をもつ。

⑽　日常生活の中で簡単な標識や文字などに関心をもつ。

⑾　生活に関係の深い情報や施設などに興味や関心をもつ。

⑿　幼保連携型認定こども園内外の行事において国旗に親しむ。

3　内容の取扱い

上記の取扱いに当たっては，次の事項に留意する必要がある。

⑴　園児が，遊びの中で周囲の環境と関わり，次第に周囲の世界に好奇心を抱き，その意味や操作の仕方に関心をもち，物事の法則性に気付き，自分なりに考えることができるようになる過程を大切にすること。また，他の園児の考えなどに触れて新しい考えを生み出す喜びや楽しさを味わい，自分の考えをよりよいものにしようとする気持ちが育つようにすること。

⑵　幼児期において自然のもつ意味は大きく，自然の大きさ，美しさ，不思議さなどに直接触れる体験を通して，園児の心が安らぎ，豊かな感情，好奇心，思考力，表現力の基礎が培われることを踏まえ，園児が自然との関わりを深めることができるよう工夫すること。

⑶　身近な事象や動植物に対する感動を伝え合い，共感し合うことなどを通して自分から関わろうとする意欲を育てるとともに，様々な関わり方を通してそれらに対する親しみや畏敬の念，生命を大切にする気持ち，公共心，探究心などが養われるようにすること。

⑷　文化や伝統に親しむ際には，正月や節句など我が国の伝統的な行事，国歌，唱歌，わらべうたや我が国の伝統的な遊びに親しんだり，異なる文化に触れる活動に親しんだりすることを通じて，社会とのつながりの意識や国際理解の意識の芽生えなどが養われるようにすること。

⑸　数量や文字などに関しては，日常生活の中で園児自身の必要感に基づく体験を大切にし，数量や文字などに関する興味や関心，感覚が養われるようにすること。

索 引

ら 行

● 編著者　　　　　　　　　　　　　　　　　　　　〔執筆分担〕

高橋貴志 たかはしたかし　白百合女子大学人間総合学部 教授　　第1章・第9章

目良秋子 めらあきこ　白百合女子大学人間総合学部 教授　　第8章-1

● 著者（五十音順）

青木聡子 あおきさとこ　国士舘大学文学部 講師　　第2章-1，第3章-1

伊藤能之 いとうよしゆき　埼玉学園大学人間学部 非常勤講師　　第5章-1

粕谷亘正 かすやのぶまさ　和光大学現代人間学部 准教授　　第7章-1

細田成子 さいだしげこ　東京成徳大学子ども学部 助教　　第6章

佐藤有香 さとうゆか　和洋女子大学家政学部 教授　　第5章-2

坂本喜一郎 さかもとときいちろう　RISSHO KID'Sきらり＆分園ポピー 園長　　第2章-2

関川満美 せきかわまみ　鎌倉女子大学短期大学部 講師　　第7章-2

仙田 考 せんだこう　田園調布学園大学子ども未来学部 准教授　　第3章-2

中村陽一 なかむらよういち　秋草学園短期大学 教授　　第4章

松永愛子 まつながあいこ　目白大学人間学部 准教授　　第8章-2

百瀬ユカリ ももせ　日本女子体育大学体育学部 教授　　第4章

コンパス　保育内容　環境

2018年（平成30年）4月20日　初 版 発 行
2024年（令和6年）2月20日　第6刷発行

編著者　髙 橋 貴 志
　　　　目 良 秋 子

発行者　筑 紫 和 男

発行所　株式
　　　　会社　建 帛 社
　　　　　　　KENPAKUSHA

〒112-0011　東京都文京区千石4丁目2番15号
　　　　　　　TEL （03）3944-2611
　　　　　　　FAX （03）3946-4377
　　　　　　　https://www.kenpakusha.co.jp/

ISBN 978-4-7679-5062-4　C3037　　　　壮光舎印刷／田部井手帳
©髙橋貴志，目良秋子ほか，2018.　　　　Printed in Japan
（定価はカバーに表示してあります）